逐語で学ぶ21の技法
対人援助のための相談面接技術

岩間伸之

はしがき

　本書は、対人援助のための相談面接技術の解説書であり、また実践への手引書である。相談面接で用いられる技法を21に整理し、それらを価値に基づいた実践として活用できるようにまとめたものである。
　あらゆる対人援助の実践に相談面接技術は不可欠である。しかしながら、相談面接技術を日々の実践に活かせるように習得することは容易ではない。なぜなら、個々の技法を知識として理解することとそれを意味のあるかたちで実践に反映させることとは次元が異なるからである。本書の最大の特徴は、この両者をつなごうとした点にある。
　「技法」は「価値」とつながったときにはじめて「技術」として実践に息づくというのが本書全体を貫くコンセプトである。ここでいう「価値」とは、援助を方向づける理念・思想・哲学のことである。対人援助のあらゆる専門技術は、クライエント自身が自らの課題や問題を直視し、また解決の主体として取り組んでいけるように活用されなければならない。本人の人生を本人自身が歩んでいけるように援助することと言い換えてもよいだろう。「価値」と乖離した「技法」は、実践では役に立たず、ときには「凶器」にさえ変貌する。
　本書は、3つのパートから構成されている。PARTⅠでは、相談面接技術の構造と面接環境についてまとめた。面接を援助の手段として位置づけるという本書のコンセプトを明らかにしたうえで、有意義な相談面接のための環境整備について整理している。PARTⅡでは、[面接を展開する技法]として14つの技法、[感情に接近する技法]として7の技法、あわせて21の相談面接技法について、具体的なポイント事例を用いながら詳細な解説を加えた。この点も本書の特徴である。まずは使い手の頭のなかで各技法が知識として整理されていなければ、実践に反映させることはできない。PARTⅢでは、逐語で学ぶ相談面接技術として、10本の面

接場面の逐語録をとりあげ、それに各場面での指摘と全体的なアドバイスを掲載した。相談面接という流れのなかで面接技法を使うことの奥の深さ、醍醐味、難しさを味わってもらえるはずである。

　本書は、あらゆる対人援助の専門職の方に活用してもらえるものと考えている。ソーシャルワーカー、介護支援専門員（ケアマネジャー）、ケアワーカー、医師、看護師、保健師、リハビリテーション関係者等の専門職はもちろんのこと、民生委員、成年後見人等による活動にも役立ててもらえるにちがいない。さらには、社会福祉士、精神保健福祉士、介護福祉士、看護師・保健師等の専門職養成機関のテキストとして、また演習等の教材としても活用していただければと考えている。

　最後に、本書の発刊に際し、多くの方にお世話になったことにふれておかなければならない。まず、ＰＡＲＴⅢに素材として相談面接の逐語録を提供してくださった10名の方に深く感謝申し上げたい。多忙なお仕事の合間をぬって逐語をまとめてくださった。そのおかげで、相談面接がもつダイナミックスをリアリティをもって読者に伝えることができた。なお、今回掲載した10本のうち7本は、月刊誌『ケアマネジャー』（中央法規出版）の「逐語録で面接力を高めよう」のコーナーに掲載された原稿に加筆修正を加えたものである。

　中央法規出版の松下寿さんと飯田研介さんには、企画から刊行に至るまで、私との協働作業で作り上げていただいた。本書のコンセプトを深く理解してくださったからこそ、こうした一冊のまとまりのある本として結実できた。深く感謝したい。

　本書をとおして「人を援助すること」の奥の深さを伝えることができ、そしてまたクライエントへの援助の向上に寄与することができれば、これ以上の喜びはない。

2008年10月

岩間　伸之

対人援助のための相談面接技術

目次

はしがき……1

PART I
相談面接技術の構造と面接環境

- A　面接を援助の手段として位置づける……8
- B　相談面接の環境を整える……16
- C　時間の枠を活用する……19
- D　態度・姿勢と距離・角度を適切に保つ……22
- E　話す速さと声の調子を適切に保つ……25

PART II
相談面接技法

[面接を展開する技法]

- 01　アイコンタクトを活用する……32
- 02　うなずく……35
- 03　相づちを打つ……38
- 04　沈黙を活用する……42
- 05　開かれた質問をする……46
- 06　閉じられた質問をする……50
- 07　繰り返す……53
- 08　言い換える（関心）……57
- 09　言い換える（展開）……60
- 10　言い換える（気づき）……66
- 11　要約する……70
- 12　矛盾を指摘する……73
- 13　解釈する……77

14 話題を修正する …… 80

[感情に接近する技法]
15 感情表出をうながす …… 84
16 感情を表情で返す …… 88
17 感情表現を繰り返す …… 91
18 感情表現を言い換える …… 94
19 現在の感情を言葉で返す …… 97
20 過去の感情を言葉で返す …… 100
21 アンビバレントな感情を取り扱う …… 103

PART Ⅲ

逐語で学ぶ相談面接技術

❶ 援助として展開するということ …… 108
❷ 来談者のいるところから始める面接とは …… 117
❸ 相談面接を援助関係づくりの端緒にする …… 129
❹ 感情へのアプローチは事実を引き出す …… 140
❺ 情報収集から本質的な援助に向けて展開する …… 151
❻ 「気づき」に歩調を合わせて洞察を深める …… 160
❼ 主訴から課題の本質にアプローチする …… 167
❽ 潜在的な真のニーズをキャッチする …… 174
❾ 「明日」を支える相談面接を考える …… 180
❿ 対人援助の価値を相談面接技術に反映する …… 187

あとがき …… 197

PART I

相談面接技術の構造と面接環境

A 面接を援助の手段として位置づける
B 相談面接の環境を整える
C 時間の枠を活用する
D 態度・姿勢と距離・角度を適切に保つ
E 話す速さと声の調子を適切に保つ

A 面接を援助の手段として位置づける

相談面接を対人援助の「価値」を具体化するための手段として位置づける。

Theory

1. 相談面接の定義と相談面接技術の位置づけ

　相談面接技術は、対人援助のすべての過程に不可欠な専門技術である。このことは、相談面接技術が未熟であれば、対人援助の取り組みに大きな支障をきたすことを意味する。

　「相談面接」とは、「一定の状況下において、ワーカー（面接者）とクライエント（被面接者）とが、相談援助の目的をもって実施する相互作用（コミュニケーション）のプロセス」と定義できる。ここでいう「相談面接」とは、たんなる日常的な話し合いや面談ではなく、一定の要件のもとで、両者間に結ばれる援助関係を基軸として展開される専門的な援助活動である。

　対人援助においては、知識・技術・価値という3つの要素が三位一体となって援助が提供される。図1の「対人援助における知識・技術・価値」では、この3つの要素の関係を示した。クライエントへの援助（上向きの白い矢印）においては、専門職であるワーカーが専門的な「知識」と「技術」でもって専門的に対応することになる。しかしながら、図にあるとおり「価値」の存在が具体的な援助内容に大きな影響を与える（上向きの黒い矢印）。ここでいう「価値」とは、ワーカーの個人的な価値観のことではない。対人援助の専門職として共通にもっておくべき価値観のことである。それは、「援助を方向づける理念・思想・哲学」と説明できる。クライエントへの援助に「知識」と「技術」をどのように活用するかは、この「価値」によって決まることになる。

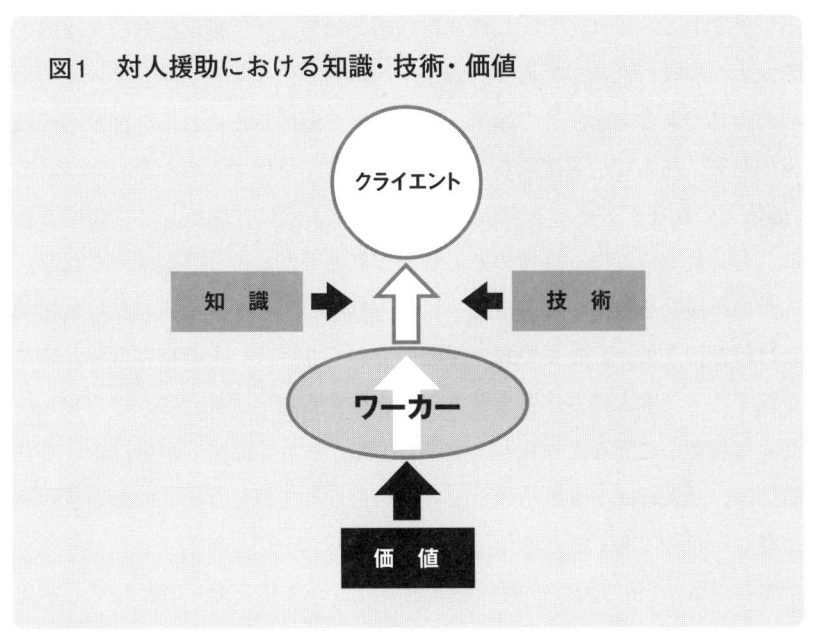

図1　対人援助における知識・技術・価値

　ここで、「価値」と「技術」の関係をわかりやすく説明してみよう。相談面接技術は、いうまでもなく「技術」のひとつである。けれども、相談面接技術を身につけるだけで援助者としての力量が向上するわけではない。

　このことは、次のようなたとえ話で説明できる。カレーライスをつくるためには包丁が必要である。それも切れない包丁よりもよく切れる包丁のほうが調理は安全かつスムーズにすすむ。けれども、よく切れる包丁を使えばおいしいカレーライスができるとは限らず、またお客さんにおいしく食べてもらえるとも限らない。つまり、おいしいカレーライスをつくるためには、包丁以外に多くの要素が必要となる。たとえば、食材やカレールーの質、作り方のテクニックにも左右されるし、また作り手にとっていくらおいしいカレーライスができたとしても、食べる人の好みや空腹具合によっても評価はまったく違ってくる。

　相談面接技術を高めるということは、包丁を研ぐことに相当する。カレーライスづくりの包丁と同じく、対人援助において相談面接技術は必要

不可欠である。けれども、相談面接技術とはあくまで援助の目的を達成するための手段（道具）である。包丁が、おいしいカレーライスをつくるための道具であるのと同じである。援助の質を高めるためには、相談面接技術の向上に加えて、それらをどの方向に向けて活用するのかを方向づける「価値」の存在が必要であり、図1で示したように「価値」と具体的な援助（白い矢印）とに一貫性のあるつながりをもたせることが求められる。

では、援助を方向づける理念・思想・哲学としての「価値」とは具体的には何を指すのか。ここで短く説明しておくならば、人の存在自体に価値を置くこと、本人の主体性を最大限に尊重すること、社会における相互援助を重視することなどが指摘できる[*1]。こうした「価値」が重視される背景には、対人援助がもつ特性として、何をもって善しとするのかがきわめて難しい領域であることも深く関係している[*2]。

本書では、「相談面接技術」を「価値」と一体化したものとしてとらえている。「技術」を狭義にとらえるならば、おそらく本書のPART Ⅱで示す「相談面接技法」に近いものとなろう。けれども、料理と包丁のたとえのように、技法をテクニカルに身につけるだけでは有意義な援助には至らない。そのため本書では、「相談面接技法」に「価値」を反映させたものとして位置づけている。

これらの関係を図2の「対人援助の価値と相談面接技術」で示した。この図では、「対人援助の価値」が反映されたものとして「相談面接技術」をとらえ、そこに内包される要素として「相談面接技法」を位置づけている。つまり、面接スキル(skills)の集合である相談面接技法の活用に「価値」が反映されてはじめて「相談面接技術」となるということである。そこでは、面接場面で取り扱う内容や技法を使うタイミングなどにも具体的に「価値」が反映されることになる。

結局のところ、相談面接技法を追求するということは、対人援助の価値にまなざしを向けることになるといえる。

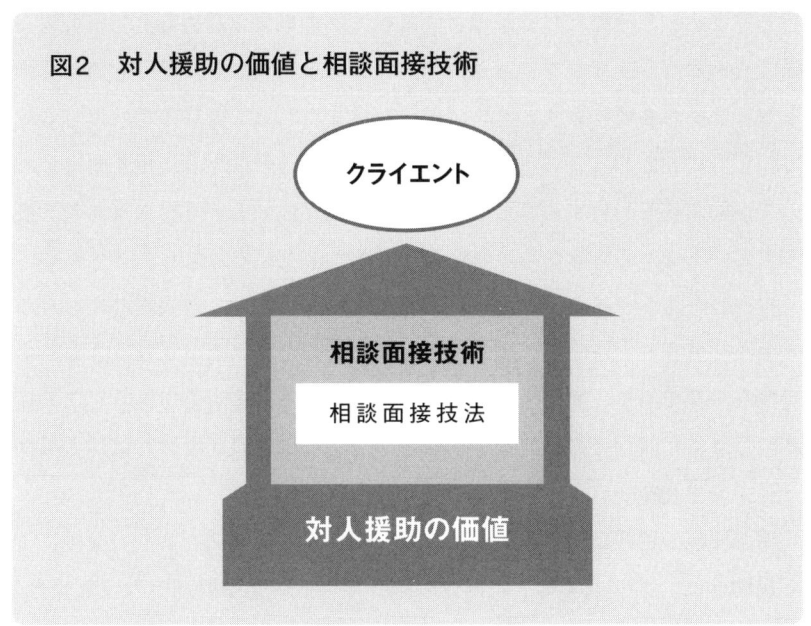

図2 対人援助の価値と相談面接技術

2．手段としての相談面接技術

相談面接技術は、相談面接の目的を達成するための手段である。相談面接技法だけが、目的とは別に一人歩きすることがあってはならない。以下、相談面接の目的を、①援助関係の形成、②情報収集、③問題解決の3つに整理して示すことにする。

①援助関係の形成

バイステック(Felix P. Biestek)が『ケースワークの原則』の序文において、「ケースワーカーとクライエントの両者が形成する援助関係は、ケースワークの魂(soul)である」[*3]と指摘しているように、援助関係の形成は対人援助の成立に不可欠な基本要件である。情報収集や問題解決を含めたすべての対人援助の過程においては、信頼関係に裏打ちされた援助関係の形成が前提となる。また、援助関係の形成そのものが問題解決の取り組みと重なることも看過してはならない。

さらに、バイステックは、「援助関係が重要であることは、いくら強調

してもよい。なぜなら、それはケースワークの効果を高める上で不可欠な要素であるばかりでなく、援助関係の概念は、いかなる人間も価値と尊厳をもっているというわれわれの確信から生まれ、その確信のなかに息づいているものだからである」*4 とも指摘している。それだけに相談面接において援助関係を形成することは、人間の価値と尊厳という対人援助の「価値」という面からもきわめて重い意味をもつことになる。

ワーカーとクライエントとの間に結ばれる関係とは、対人援助における重要な「武器」となる専門職業的援助関係のことである。これはきわめて特殊な関係であり、面接や援助の場だけで用いられるものである。この援助関係は、相談面接の構成要素のひとつであり、これがなければ対人援助として成立しない。

相談面接の過程は、この対面的な援助関係を軸に展開される。面接による援助とは、クライエントに自分の抱えている課題や問題への「気づき」をうながし、明確化し、それを正面から受けとめ、さらに解決に向けた本人の取り組みを支える一連のプロセスのことである。

受容、個別化、非審判的態度といったようなケースワークの原則に代表される援助関係構築のための原則や共感的理解といった実践原則は、適切な面接技術をもって遂行されるものである。したがって、相談面接技術が未熟であれば、援助の入り口の段階でつまずくことになる。

②情報収集

情報収集も面接の重要な目的のひとつである。これは前述の援助関係の形成を前提としている。問題解決に向けた援助のためには、必要な情報を必要な時に収集する必要があるが、面接技術はそのためにも意図的に活用される。ただし、情報収集の過程においては、詳細な情報を単に「聞き出す」のではなく、面接におけるクライエントとの相互作用過程のなかで必要な情報を見極めながら、クライエント本人が自分の問題や状況について気づきを深めていくことも含んでいる。したがって、情報収集を問題解決過程のひとつのプロセスとして位置づけることが大切である。

対人援助過程における情報収集は、クライエント本人が話す内容に最大

の価値があることが強調されなければならない。その内容は、一般に客観的事実と主観的事実とに分類される。客観的事実とは、クライエント自身やその生活環境および社会環境との関係に関する情報である。それらは、面接の場面でクライエントによって言語化される情報とワーカーによって観察される情報、そして面接をとおしてワーカーによって総合的に解釈される情報がある。もう一方の主観的事実とは、クライエント本人が今の現実や自分の抱える問題・課題をどのように見ているのかを重視した情報である。とりわけ、この情報収集はクライエント本人が自分自身についての明確化、つまり気づきの作業を含むため、対人援助における相談面接技術のもつ意義は大きいといえる。

③問題解決

相談面接の第一義的な目的は、援助関係の形成と情報収集とも深く関係する「問題解決」である。本書のPARTⅡで示しているように、問題解決へのアプローチは多岐にわたるが、クライエント本人への直接援助においても、またクライエント本人と相互作用関係にある環境の側に働きかける間接援助においても、面接技術はきわめて重要な方法として位置づけられる。

対人援助における「問題解決」とは、本質的にはワーカーとクライエントの援助関係を基軸として、クライエント自身が自分の問題について洞察を深め、新たな気づきを得ながら問題への対処能力や解決能力を高める過程といえる。相談面接技術はその中核となる専門技術である。ワーカーはその技術を用いてクライエントの気づきを深め、本人の問題解決能力を高めるとともに、本人の自己決定を支えることに主眼を置くことが求められる。

Guide to Practice

本書のPARTⅡでは、相談面接技法として「面接を展開する技法」と「感情に接近する技法」を合わせて21の技法に整理して示している。これらの相談面接技法を「手段」として実践で活用するためには、次の「4つ

の統合」が求められることになる。これらの統合は、「相談面接技法」を「相談面接技術」にするための視点といえる。

①相談面接技法を「対人援助の価値」と統合する

「対人援助は価値の実践である」といわれることがある。前述したように、対人援助における「価値」はきわめて重要な構成要素のひとつとして位置づけられる。「価値」については、さまざまな説明がされてきたが、たとえば国際ソーシャルワーカー連盟（IFSW）のソーシャルワークの定義のなかの「価値」の項目においては、「すべての人間が平等であること、価値ある存在であること、そして、尊厳を有していることを認めて、これを尊重することに基盤を置いている」とあり、さらに「人権と社会正義は、ソーシャルワークの活動に対し、これを動機づけ、正当化する根拠を与える」とある[*5]。

相談面接技法と「対人援助の価値」との統合とは、図2にあるように、こうした援助を方向づける理念・思想・哲学に向けて、面接技法を用いることである。むやみに面接技法を駆使するだけでは有意義な実践にはつながらない。

②相談面接技法を「援助過程」と統合する

対人援助の援助過程においては、各段階でワーカーとクライエントが取り組むべき内容は多岐にわたる。相談面接技法は、その援助過程全体において共通に活用される専門技術であるが、その使い方においては、各段階の目的や課題に合わせて運用することが求められる。

相談面接技法と「援助過程」の統合とは、面接技法を対人援助の過程のなかで意図的かつ秩序立てて活用することを意味している。

③活用場面にあわせて「複数の面接技法」を統合する

本書でとりあげる21の相談面接技法は、必ずしもそれぞれが単独で使われるものではない。各種技法は、活用場面や目的に応じて適切に組み合

わせて活用される。

　これが活用場面にあわせた「複数の面接技法」の統合である。つまり、各技法を面接場面において瞬時に適宜離合集散させながら用いるということである。この統合においては、複数の技法を合体して同時に用いる場合と前後に結合させて連続して用いる場合がある。

④相談面接技法をワーカーの「援助スタイル」と統合する

　ワーカーは、面接ロボットではない。21の面接技法を用いる際には、ワーカーの個性や特徴を活かしながら、より効果的かつ自然に用いることが求められる。その意味では、実践における面接技術の活用はきわめて属人的なものといえるし、各面接技法の具体的活用も至極個性的なものとなる。

　これが面接技法とワーカーの「援助スタイル」の統合である。ワーカーが時間をかけて、自分にあった援助スタイルを形成していくことは、すべての対人援助専門職の課題となる。

Note

　「援助スタイル」の形成は、「自己覚知」と密接な関係をもつ。相談面接を含めた対人援助の活動は、援助関係をとおして自分自身を使う活動であるがゆえに、援助のなかで自分をどのように活かすかが問われることになる。ありのままの自分を知ってそれをいかに活用するか。この「自己覚知から自己活用へ」というプロセスをワーカーがたどることは、有意義な実践を長く続けるためにきわめて重要な要素といえよう。

[*1] この内容については、次の文献において詳しく論じている。
　　岩間伸之「対人援助の根源を何に求めるか」右田紀久恵・小寺全世・白澤政和編著『社会福祉援助と連携－21世紀への架け橋～社会福祉のめざすもの～－』中央法規出版, 2000年,16-29頁。
[*2] この点については、次の文献において詳しく論じている。
　　岩間伸之「対人援助の『質』を考える－ソーシャルワーク研究の観点から－」『ケアマネジャー』第8巻第6号, 中央法規出版, 2006, 22-25頁。
[*3] F・P・バイステック著／尾崎新・福田俊子・原田和幸訳『ケースワークの原則〔新訳改訂版〕－援助関係を形成する技法－』誠信書房, 2006年, i頁。
[*4] 同上書, i頁。
[*5] 対人援助における「価値」もしくは「価値」に基づいた実践については、次の文献を参考にされたい。
　　岩間伸之「『人を援助すること』の意味」『ケアマネジャー』第7巻第1号, 中央法規出版, 2004年,11-13頁。
　　岩間伸之『支援困難事例へのアプローチ』メディカルレビュー社, 2008年。

B 相談面接の環境を整える

効果的な相談面接に向けて物理的環境を整え、各面接場面の特性を援助に活かす。

Theory

　相談面接は、特定の目的をもった専門的な取り組みであるがゆえに、その過程は構造的にすすめられなければならない。それは面接技法の適切な活用だけでなく、その面接を取り巻く環境の整備にも意識を向ける必要がある。

　この内容は、対人援助のための面接がより効果的に実施できるように物理的な環境を整え、また多様な面接場面の特性を理解して援助に活かすという面接の「場」に焦点を当てるものである。

　相談面接の場面は、面接室や相談室といった専用施設での面接だけでなく、クライエントの家庭や入所施設、入院中の病院などでの生活場面まで含まれる。いずれの場においても、クライエントが安心かつ集中して面接に臨めるような環境づくりが求められることになる。とりわけ、自分の話し声が外に漏れないという安心感をクライエントにもってもらうことは大切である。面接で取り扱う内容は個人的な事情にかかわることであるから、実際には聞こえていなくても、自分の声が外に漏れているかもしれない（聞いている人がいるかもしれない）とクライエントが気にかけるだけで、自分の話す内容に制限をもたらすことになる。また、プライバシー保護の観点からも十分な配慮が必要となることはいうまでもない。

　どのような面接場面であっても、相談面接技法の活用の基本は同じであるが、それぞれの面接場面の特性を理解し、クライエントの状況に合わせた効果的な面接につなげることが求められる。

Guide to Practice

　ここでは面接形態として、面接専用スペースでの面接、生活場面面接、電話相談の特性についてとりあげる。

面接専用の部屋で面接する

　面接室や相談室といったような面接専用の部屋での面接は、相談面接の基本形態であり、実際多くのメリットがある。相談内容を人に聞かれたり声が外に漏れる心配がなく、クライエントが集中して話すことができるのが大きなメリットといえる。

　さらに、こうした相談面接のための部屋にクライエント自らが足を運んでくるという時点で、すでにクライエント本人に問題解決の動機や意欲が明確化されていることを意味する。この面接場面に、クライエントが一人でやってくる場合だけでなく、夫婦や家族というような複数のクライエントが来所する場合もある。

　また、面接室には、適度な明るさ、広さ、室温、ワーカーとクライエントが適切な距離を保てるイスとテーブルの確保と配置、置き時計や掛け時計、クライエントが目をやることのできる花や壁掛けの絵画の設置、落ち着きのある内装等といった物理的条件があげられる。面接時の姿勢やワーカーとクライエントの距離については、〔**D** 態度・姿勢と距離・角度を適切に保つ〕でとりあげている。

生活場面で面接する

　相談面接の形態として、「生活場面面接」(life space interview)もきわめて重要な形態として位置づけられる。これは文字どおり、クライエントの生活場面で面接を行う形態であり、地域をベースとして活動する保健・医療・福祉等の援助専門職にとっては日常的な面接場面である。クライエントは自分の生活の場で話ができるわけであるから、自分のペースで話がしやすく、ワーカーにとっても面接室では把握できない重要な情報をクライ

エントの生活場面から得ることができる。しかしながら、その一方で自分の生活空間に立ち入られることに不快感を感じるクライエントがいたり、周囲の状況によっては取り扱うべき内容に集中して話ができない場合もある。

生活場面面接の代表例としては、家庭への訪問面接がある。クライエントの自宅での面接では、全体的な生活実態や本人の生活への認識、生活上の価値観、家族（親族）関係、家族内での役割、近隣との人間関係等が把握できる点に特徴がある。また、入所施設や病院等における面接も重要な生活場面面接の一形態となる。この面接場面は、ベッドサイド、談話スペースのソファ、廊下での立ち話など多様である。その多くの場合がオープンスペースであるので、プライバシーへの配慮が求められる。こうした入所施設や病院等における面接では、生活全般の様子、プログラムへの参加、他の入所者等との人間関係等について幅広く把握することができる。

電話で相談に応じる

その他にも特殊な面接形態として、電話相談があげられる。直接顔を合わせずに「面接」をするという特殊性ゆえに、匿名による相談が可能である点に最大の特徴がある。実際、相談の最初のアプローチは電話であることも多く、その意味では日常的な面接形態といえる。ただし、電話ではコミュニケーションの重要な要素である「表情」が双方ともに見えないことによるデメリットは大きい。それを補うために、声のトーンと大きさ、話すスピード、言葉の選択等特別な技術を要することになる。これらの要素については、〔E話す速さと声の調子を適切に保つ〕でとりあげている。

Note

地域における自立生活支援が強調されるようになり、クライエントの生活場面、とりわけ家庭への訪問面接がますます重要となっている。その際に用いる面接技法は面接室で用いる技法と共通であるが、それに加えてクライエントの環境面の「観察」が重要な意味をもつ。ワーカーは多くの情報のなかから必要な情報を見極める力量を含め、観察技術を意識して身につけることが重要となる。

時間の枠を活用する

相談面接の時間の枠を明示し、それを意図的に活用する。

Theory

　相談面接は、一定の枠組みをもって構造的にすすめるのが基本であるが、その要素として「時間の取り扱い」は重要な項目となる。予約制で面接を実施する場合、原則として予約時に開始時間とともに終了時間も決められることになる。また、面接開始時にワーカーとクライエントが終了時間を確認する作業は、その時間が<u>クライエントの時間</u>として確保されることを確認し、「この確保された時間、一緒に全力で取り組みましょう」という共同宣言の意味合いをもつ。

　ワーカーとクライエントが面接に集中して取り組めるのは、常識的には１時間程度であろう。そのことからも時間の枠を設ける意味があるが、それ以上に終了時間が迫ってきていることを意識することによって、クライエント自身が自分の問題や課題と正面から向き合い、解決に向けて取り組む姿勢を形成することに寄与できる点にも大きな意味がある。困難性の高い深刻な問題や話題としてとりあげることに強い抵抗が伴う場合、時間の枠を明示しない面接は、いつまでも面接時間がこのまま続くという錯覚をもたらし、クライエントがそれらと向き合うことを先延ばしにしたり避けたりするという心理的力動を生じさせる要因となる。その意味で、時間の枠は一種の歯止めとして活用できる。

　さらに、時間の枠を明示することは、面接を適切な意味でパターン化して面接過程に流れをつくることにもつながる。漫然と面接時間が経過するのではなく、１回ごとの面接において開始から終了までの流れをつくることが、メリハリのきいた効果的な援助のためのひとつの要件となる。また、継続的に面接を積み重ねていくような場合、同じ曜日、同じ時間帯、

同じ時間間隔といったような時間面でのパターン化もひとつの工夫である。このパターン化による安定感がクライエントに安心感をもたらすことにもなる。

　時間の取り扱いは、慎重にする必要がある。終了時間を示すことがクライエントにはビジネスライクに映ったり、ワーカーが積極的でないように思われたりするリスクもある。面接を時間通りに終了することを目的としているのではなく、「時間という力」を借りて効果的に面接を実施するための技術であることに留意すべきである。

Guide to Practice

ポイント事例

W：それでは、話をすすめていきましょうか。えーと、今2時10分ですよね。そうしましたら、今日は3時をめどに終わりたいと思います。
C：はい。よろしくお願いします。

　　　　　　　　　　　　　　　W＝ワーカー、C＝クライエント（以下同様）

面接開始時点で終了時間を確認する

　ポイント事例の下線部では、ワーカーは終了時間の目標を明示している。ここでは、何が何でも3時に終わらなくてはならないというニュアンスではなく、「めど」という幅のある表現を用いている。

　この時点で終了時間を確認しておくことによって、クライエントが集中して取り組むことができ、3時前になったときに、この日の面接の終結モードに入りやすくなる。

Note

　「ドアノブ療法」という言葉がある。これは、面接等の援助終了時になって、つまり面接室のドアの取っ手に手をかけるかかけないかの時点になって初めて、クライエントが本当に伝えたいことや胸の奥につかえているものを持ち出してくるというものである[*1]。

　「最後にひとつだけいいですか？」といったような発言をクライエントが最後の最後になって持ち出すことがある。そこに重要なメッセージが含まれていることも少なくない。面接の時間枠を適切に設定することは、そうしたチャンスをつくることにもつながる。

[*1] たとえば次の文献に紹介されている。W.シュワルツ・S.R.ザルバ編／前田ケイ（監訳）・大利一雄・津金正司共訳『グループワークの実際』相川書房,1978年,17頁。

態度・姿勢と距離・角度を適切に保つ

クライエントと向き合う適切な態度と姿勢を保ち、面接場面におけるクライエントとの距離と角度を適切に保つ。

Theory

　ワーカーがクライエントと向き合う際の基本的態度と面接のための適切な位置取り(ポジショニング)に焦点を当てた専門技術である。

　対人援助の相談面接における基本的態度と姿勢は、ワーカーがクライエントを人間として尊重していること、そしてクライエントとクライエントの抱える問題に関心を向けていることを目で見えるかたちで伝えるという点で、きわめて重要な意味をもっている。ワーカーがいくらすぐれた面接技法をもっていたとしても、この態度と姿勢が対人援助の価値や理念から逸脱したものであれば、すべてが台無しになる。この態度と姿勢は、信頼関係に裏打ちされた援助関係を構築するための基本条件となる。

　また、面接場面におけるワーカーの位置取りも、面接の内容に影響を与える。たとえば車を安全で快適に運転するためには、ドライバーが自分に合ったポジションをまず確保することが大切とされる。シートの位置やハンドルの高さなどをドライバーの体型に合わせてセッティングすることが、車をうまく操るための条件となる。ワーカーがクライエントと向き合う面接場面でも、適切なポジションが求められるという点では共通するが、車の運転と決定的に異なるのは相手が人である点である。つまりワーカー側の都合ではなく、クライエント自身がリラックスして面接に臨めるような配慮が必要となるということである。この点においてもいくつかの重要な要素がある。

> **Guide to Practice**

　態度・姿勢と距離・角度を適切に保つための具体的な内容として、受容的態度と積極的傾聴の姿勢、クライエントとの距離および角度についてとりあげる。

受容的態度と積極的傾聴の姿勢を保つ

　面接場面の雰囲気は面接自体に大きな影響を与える。クライエントがワーカーにまるごと受けとめられるというような雰囲気は、ケースワークの原則である受容や個別化、非審判的な働きかけに影響を及ぼすことになる。受容的態度と積極的傾聴の姿勢はそうした雰囲気づくりに大きな役割を果たす。具体的には、基礎技術として〔**1**アイコンタクトを活用する〕〔**2**うなずく〕〔**3**相づちを打つ〕といった面接技法を適切に用いることになる。

　また、基本姿勢として、イスの背もたれに背中を付けた状態ではなく、若干の前傾姿勢をとることによって関心をもっていることを示すことができる。手の位置についても、手を机の下に入れてしまったり後ろで組んだりするのではなく、見える位置に置いたほうがクライエントは安心するだろう。

　積極的傾聴の姿勢に関係するものとして、記録のとり方も重要となる。面接中に記録をどのようにとるかは面接の重要なポイントとなるが、必要な情報を漏らさないように自分のノートに書き記すというワーカーサイドからの意味ではなく、「しっかりとあなたの話を聞いていますよ」というメッセージを送る意味でも、適切なタイミングで記録をとることは効果的である。

クライエントとの距離を適切に保つ

　人はそれぞれ個人的空間（personal space）をもっている。それは、対人距離の「なわばり」ともいえるもので、他人に入ってこられると不快感を

もつ距離のことである。空いている電車に乗っているお互いに見知らぬ乗客たちが、一か所に寄り集まって座っていることはまずないだろう。ほぼ均等に距離を置きながら座っていることのほうが自然である。ただ、この個人的空間の感覚は人によって差異があるため、クライエント一人ひとりの個人的空間を尊重しながら適切な距離を保つことが大切である。無意識であっても、ワーカー側の個人的空間をクライエントに押し付けるかたちになれば、クライエントに圧迫感を与えることになる。

クライエントとの角度を適切に保つ

　クライエントとの角度を適切に保つことは、視線と密接に関係している。ワーカーとクライエントが真正面から顔を合わせること、つまりクライエントが自然に顔を上げた状態でワーカーと視線がバチッと合ってしまう位置では、クライエントが圧迫感を感じる場合もある。そのようなときには、「ハ」の字型に若干開いて角度をつけ、視線の逃げ道を確保することで自然な面接環境をつくることができる。

　また、ワーカーがクライエントとの目線をできるだけ水平に近づけることが大切であることはよく知られている。生活場面面接において、車イスに乗っていたり、ベッドに横になっているクライエントと話をするときなどは、特に注意が必要となる。

Note

　ワーカーは、自分が人からどのように見られがちであるのかについて敏感になっておくことが大切である。たとえば、普段から機嫌がよさそうに見られがちなのか、あるいはムッとしてるように見られがちなのかによって受容的な態度のつくり方にも違いがでてくるだろう。第一印象が人間関係づくりに与えるインパクトはきわめて大きい。

E 話す速さと声の調子を適切に保つ

会話の内容、展開状況、クライエントの感情等に合わせて、話す速さと声の調子を適切に保つ。

Theory

　面接場面においては、どの相談面接技法をどのタイミングでどのように使うのか、またどのような言葉を選んで応答するのか等をワーカーは瞬時に判断することが求められる。相談面接とはその積み重ねといえる。

　この専門技術は、さらにその際に話す速さ、声の大きさ、あるいは声の質にまで適切に意識を向け、面接をより効果的なものにすることを意図している。大切なことは、それを会話の内容、展開状況、クライエントの感情等に合わせて用いることである。

　ワーカーの話す適切な速さと声が面接に落ち着いた雰囲気をもたらし、そのことがクライエントに安心感を与えることになる。また、本書で示す21の面接技法を用いる際にも、話す速さや声の調子を適切に組み合わせることで効果を高めることができる。さらに、話す速さと声の調子を面接過程のなかで意図的に調整することで面接内容に影響を与えることができるのも、相談面接技術の特性といえる。

　話す速さと声の調子は、〔B 相談面接の環境を整える〕のなかで示した電話相談においてきわめて大きな要素となる。電話ではお互いの表情が見えないだけに、コミュニケーションにおける言葉の選択と話し方のウエイトが大きくなることはいうまでもない。したがって、電話相談の場合にはワーカーはこのことを十分に意識しておくことが求められる。

Guide to Practice

　ここではワーカーの話す速さと声について、実践的な観点からまとめておくことにする。ただし、クライエントの話すペースや感じ方、また抱える問題状況は千差万別であるから、話す速さや声はクライエントに合わせて用いることになる。

話す速さを適切に保つ

　ゆったりと安定した速さでクライエントに向けて話すことが基本となる。このことによって、面接に安定感を、またクライエントに安心感や落ち着きをもたらすことができる。しかしながら、〔17 感情表現を繰り返す〕の面接技術を用いる場合や、クライエントが自分の感情を興奮気味に表現した場合などは、そのクライエントの話す速さや調子に合わせることで共感性を高めることができる。反対に、クライエントが追い立てられるように話したり、早口で要領を得ない具合で話したりするときには、落ち着きをうながすためにクライエントの速さよりもゆっくりと意図的に応答することが効果的である。また、何らかの内容をしっかりと伝えたいときには、ゆっくり噛むように話すなどメリハリをつけることが効果的な場合がある。

声の大きさやトーン、声質を適切に保つ

　基本的には、クライエントが聞き取りやすい適度な大きさで、またキンキンした声ではなく落ち着いた声で話すことが大切である。クライエントの深刻な問題を聴く場合など、若干低めの声が場に馴染む面もあるだろう。また感情を反映する技法を用いる場合などは、意図的に抑揚をつけることも大切である。

　しかしながら、言葉の選択や速さとは異なり、ワーカーの声のトーンや声質を変幻自在に変えることなど、普通は不可能である。したがって、自分の声の特徴を知ってそれをより効果的に活用することが求められる。

Note

　話し方や声はきわめて個性的であるし、声質については実際トレーニングしにくい面もある。自分の面接のロールプレイなどを録音し、それを聞いてみると、自分の話し方に特徴があったり、自分の発声に特徴があることがわかるだろう。これは、自分の「援助のスタイル」をつくることにも役立つ作業である。

PART I　**PART II**　PART III

相談面接技法

［面接を展開する技法］
01 アイコンタクトを活用する
02 うなずく
03 相づちを打つ
04 沈黙を活用する
05 開かれた質問をする
06 閉じられた質問をする
07 繰り返す
08 言い換える（関心）
09 言い換える（展開）
10 言い換える（気づき）
11 要約する
12 矛盾を指摘する
13 解釈する
14 話題を修正する

［感情に接近する技法］
15 感情表出をうながす
16 感情を表情で返す
17 感情表現を繰り返す
18 感情表現を言い換える
19 現在の感情を言葉で返す
20 過去の感情を言葉で返す
21 アンビバレントな感情を取り扱う

PART II

面接を展開する技法

　ここでは、うながし、方向づけ、気づきのうながしといった面接過程を促進させるための面接技法をとりあげる。相談面接は、クライエント自身の問題解決に向けた取り組みを支えるワーカーとクライエントの協働の過程である。流れるままにクライエントとやりとりをするだけで問題解決に至ることはない。ワーカーの専門技術として、クライエントの発言をうながし、方向づけ、そしてクライエント自身が自分の置かれた状況や問題について気づきを深めていくことが求められる。その本人の気づきを深めるための技術は多様である。

　以下、うながし、方向づけ、気づきのうながしのための相談面接技法として、14の技法をとりあげる。

01　アイコンタクトを活用する
02　うなずく
03　相づちを打つ
04　沈黙を活用する
05　開かれた質問をする
06　閉じられた質問をする
07　繰り返す
08　言い換える(関心)
09　言い換える(展開)
10　言い換える(気づき)
11　要約する
12　矛盾を指摘する
13　解釈する
14　話題を修正する

01 アイコンタクトを活用する

視線を自然に用いたり、アイコンタクトを意図的に活用して、面接過程を円滑かつ効果的にすすめる。

Theory

「目は口ほどにものを言う」といわれるように、目はコミュニケーションの重要な要素である。目の動きや視線を合わせるアイコンタクトによって、多彩なメッセージを相手に送ることができる。当然ながら、相談面接においても目は重要な要素である。面接過程では、スムーズな会話をすすめたり、クライエントの発言を後押しするためのノンバーバル（非言語）な手法として、目の動きやアイコンタクトを意識的に活用できる。

まず、面接の場面では、クライエントがリラックスして自然に話せる環境づくりが求められるが、そこで「目」の果たす役割は大きい。不自然に相手を凝視したり視線をそらすことなく、自然に視線を用いることが大切である。不自然な目線や相手を萎縮させるような視線の送り方は、会話がスムーズでなくなったり、時には相手が不快感や不信感を抱く場合もある。

さらに、意図的なアイコンタクトは、クライエントの話を関心をもって聴いていることを伝え、クライエントの発言を力強く支えるための方法としても活用することができる。また、ワーカーの表情や言葉と適切に組み合わせることによって、共感的対応の効果を高めることにもなる。

通常、クライエントはワーカーの一挙一動に敏感である。たとえば、ワーカーが次の質問や展開に気を取られている場合、クライエントの話に集中できていない場合、何らかの理由によって動揺している場合など、表情、とりわけ目の動きに落ち着きがなくなり、そこからワーカーの内面をクライエントに察知されることも少なくない。

目の動き、視線や目線、アイコンタクトは、クライエントとの信頼関係

を形成するうえでも、またクライエントとの面接過程をすすめるうえでも、ワーカーの表情や態度と組み合わせることできわめて重要な相談面接技法となる。

Guide to Practice

> **ポイント事例**
>
> C：私たちの夫婦関係が子どもにも影響を与えていたのかもしれませんね……。
> W：そのあたり、気づかれたことについてもう少しお聞かせください。
> C：はい……。ここでこうやって話をしているうちに、いろいろ考えちゃって……（不安げに顔を上げる）。
> W：<u>（正面からしっかりと視線を合わせ、ゆっくりとうなずく）</u>
> C：子どもは、私たちの関係がぎくしゃくしていたことを敏感に感じ取っていたんですね。その気持ちを考えるともうやりきれないって感じです……。
>
> W＝ワーカー、C＝クライエント（以下同様）

傾聴していることを目で伝える

下線部のしっかりとしたアイコンタクトとうなずきによって、クライエントの話を関心をもって聴いているというメッセージを伝えることができる。ポイント事例のように、クライエントが自分の発言と同時に顔を上げる場合などは、無意識のうちにワーカーの反応をうかがっていることが多い。こうした場合、その機会を逃さずに視線を合わせることによって、その発言を受けとめ、傾聴していることを伝えることができる。

さらに話を続けることを奨励する

「いろいろ考えちゃって……」という発言を受けて、長めのアイコンタ

クトとうなずきによって、「その内容をそのまま話してください」という はげましのメッセージとして送ることができる。クライエントは子どもの 側に立ちながら、「その気持ちを考えるともうやりきれない」という発言 へと展開している。

Note

　目も身体の一部であるから、目の大きさや一重瞼か二重瞼かなど個人差も大きい。また、メガネの有無や形によって相手に与える印象もずいぶん変わる。ワーカー自身が自分の目の特徴を知ったうえで、自分に合った効果的なアイコンタクトの方法を探ることも重要となろう。

02 うなずく

適切かつ意図的にうなずき、クライエントの発言をはげましたり、発言をうながす。

Theory

　うなずきは、非言語コミュニケーションを用いた面接技法であり、積極的傾聴のための重要な方法のひとつである。相談面接においては、うなずきは「最小限のはげまし」の方法として分類される。その目的は、クライエントの発言をはげましたり、うながすことにある。

　うなずきの基本は、「あなたの話に関心をもって聴いていますよ」「その調子で話を続けて」というメッセージを伝えることにある。文字通り、最小限の働きかけによるはげましといえる。さらに、クライエントが発言をためらったり、うまく言葉にできないときなど、ワーカーがこのうなずきの技法を適切に用いることによって、クライエントが言語化しようとする意欲を喚起することができる。

　うなずきは無声の反応であるから、少なくともクライエントがワーカーのうなずきを目で確認できなければならない。その意味では、〔3 相づちを打つ〕よりも、うなずきに伴う「表情」のウエイトは大きいといえる。また、視線を用いた「アイコンタクト」もうなずきの効果を高める重要な要素である。しっかりと正面からクライエントを見つめ、うなずくことは、はげましの効果をさらに強化することになる。「あなたの話に関心をもって聴いていますよ」というメッセージにおいて、表情を付加することは、その話への共感性を高めることになる。

　うなずきは、ごく日常的なコミュニケーションスキルであるが、ワーカーが意図的に用いることで問題解決に向けた強力な専門技術となる。

Guide to Practice

> **ポイント事例**
>
> C：同居する義理の母との関係ですが……、なんと言ったらいいのか……（上を見上げて涙ぐむ）。
> W：(<u>まっすぐクライエントを見つめ、ゆっくりうなずく</u>)
> C：母とは一言では言えないくらい、いろいろあったんです……。
> W：(<u>目を見て、一度うなずく</u>)
> C：どう表現したらいいのかわからないのですが……、もう心がすさんでしまったという感じでしょうか。
> W：(<u>目を見て、小さく数回うなずく</u>)

うなずきのもつメッセージを適宜使い分ける

　うなずきのもつメッセージは多彩である。ワーカーは、クライエントの話の内容や場面によって使い分けることで有効に用いることができる。ポイント事例では、ワーカーはうなずきを3度用いているが（下線部）、そのメッセージの意図するところは少しずつ異なっている。

　最初のうなずきは、言語化しにくい内容をアイコンタクトを伴ううなずきによってクライエントの発言を強くうながそうとしている。2度目のうなずきは、「関心をもって聴いているので、そのままもっと聞かせて」というメッセージを意図している。最後のうなずきは、「心がすさんでしまった」というクライエントの表現に共感性を示そうとしている。このように微妙な使い分けを行うことで、うなずきがもつ多様なメッセージ性を有効に活用できる。

うなずきにアイコンタクトや表情を適切に組み合わせる

　前述したように、うなずきとアイコンタクトはきわめて重要な取り合わせである。同時に、ポイント事例での最後のうなずきの例のように、共感

性を高める意図で用いる場合には、表情を適切に加味することでさらに有効に活用できる。この点では、〔**16**感情を表情で返す〕と密接な関係がある。

Note

　技術的には基本的で平易な技法とみられがちであるが、活用次第では大きな効果が期待できる面接技法である。それだけに、用いるタイミングや強弱、他の技法との組み合わせ等、使い手の技量が問われる技法といえよう。

03 相づちを打つ

クライエントの話に適切かつ意図的に相づちを打ち、クライエントの発言をうながす。

Theory

　クライエントの話に適切かつ意図的に相づちを打つことによって、クライエントが話しやすい状況をつくり、クライエントの発言を促進したり、その発言内容を問題解決に向けて活用できるように方向づける面接技法である。この技術は、〔2 うなずく〕と同じく「最小限のはげまし」として分類される。また、積極的傾聴のひとつの方法でもある。うなずきが無声の応答であるのに対して、この技術は有声の応答であるが、実際にはうなずきと重ねて用いられることが多い。

　相づちは、うなずきと同様に日常生活においてごく普通に用いられるコミュニケーションスキルである。タイミングよく相づちを打つことで、相手の話に関心をもっていることを伝え、また民謡の合の手のように話し手にテンポよく話をさせることにもなる。一般に、「聞き上手」といわれる人は、絶妙な「相づち使い」であることが多い。通常、相づちとして用いられる応答としては、「そう」「うん」「うんうん」「ほう」「ほほう」「それでそれで」「そしたら」「なるほど」「ふん」「ふんふん」「ええ」といったようなパターンがある。

　相づちを専門的な面接技法として活用するためには、うなずきと同様に意図的に用いる必要がある。専門的に用いるポイントのひとつは、原則としてその応答にワーカーによる価値判断を含まないことである。つまり、クライエントの発言内容の善し悪しやワーカー側の意向に沿った内容であるかどうかを示す方法として相づちを用いるものではないということである。クライエントの話の流れを遮ったり、特定の方向に向けて操作するためではなく、クライエントが自分自身の言葉で、また自分のペースで話せ

るように後押しするのが相づちの本来的な活用方法といえよう。クライエント自身が自分の言葉で表現できるように支援するというワーカーの働きかけは、対人援助の価値に基づいた援助としてきわめて重要である。

　この技法を専門的に用いる場合のもうひとつのポイントは、クライエント自身による主体的な発言を支援することを基本としながらも、意図的に活用することである。つまり、ワーカーが意図的に相づちに抑揚をつけたり工夫して用いることで、問題解決に向けてワーカーが重要と判断した内容やもっと話をしてほしい内容に焦点化することが可能になる。

　相づちは、うなずきと同様にきわめて日常的なコミュニケーションスキルである。しかしながら、対人援助の専門技術としてワーカーが意図的に用いることで、援助過程を円滑かつ効果的にすすめる有効な技法となる。

Guide to Practice

> **ポイント事例**
>
> C：きのう、うれしいことがあったんですよ。
> W：うん、それでそれで？
> C：ええ、うちの子が子猫をどこかから拾ってきたんですよ。
> W：ふんふん。
> C：でね、私と一緒にペットショップへ行って、猫用トイレとシャンプーを買ったんですよ。
> W：ほう！　そしたら？
> C：うん、息子が喜んじゃってねえ。あんなうれしそうな顔見たの、久しぶりって感じだったわ。で、その日の夜は猫と一緒に布団に入って寝ちゃったんですよ。

クライエントの発言内容や感情に波長を合わせる

　効果的に相づちを打つためには、当然ながらクライエントの発言内容と

それに伴う感情の流れを受け手がしっかりと把握することが必要となる。ポイント事例では、「うれしいことがあったんですよ」という直接的な表現で感情が表出されているが、深刻な内容に付随する潜在的な感情の変化に対してもワーカーが常時波長を合わせることが求められる。

　専門的援助のための波長合わせ（tuning-in）とは、クライエントが面接場面に持ち込んでくるであろう感情をワーカーがあらかじめ掘り起こしておくことである。つまり、これは「予備的感情移入」とも表現されるように、面接に臨む前に、クライエントがどのような感情をもって面接の場面にやってくるかについて、ワーカーが収集可能なデータをもとに事前に想定しておくことである。こうした波長合わせの作業は、初回面接時や毎回の面接時の開始時点のみならず、面接途中においても刻々と変化するクライエントの感情の動きにワーカーが合わせていくための取っ掛かりとなるものである。

適切なバリエーションをもって相づちを打つ

　相づちのバリエーションは非常に多い。相づちの発語上の種類が多様であるということに加え、同じ相づちであっても声の大きさ、速さ、イントネーション、抑揚などによって多様な使い分けができる。これらは、クライエントの感情に対して「伝わっているよ」というメッセージとして返す場合や、「もっと聞かせてよ」というメッセージとして応答する場合で使い分けることになる。ポイント事例では、3度の相づちを用いている（下線部）。最初の「それでそれで？」は、「それで」を重ねて用いることで後者の意味合いを強く表現するものとなっている。

　クライエントがテンポよく話ができるようにするためには、相づちの打ち方もクライエントの話に合わせながら一定のリズムを保ったり、時には少し背中を押す感じで抑揚をつけるような工夫も大切である。

特定の発言内容に焦点を当て、その流れを促進する

　ポイント事例では示されていないが、もしこの例でクライエントが息子

への感情や将来について話す場面があり、援助の過程においてそのことをワーカーが重視した場合、もっと積極的に相づちを打つことによってその話を深く引き出すことも可能となる。その意味では、単発の相づちの打ち方だけでなく、相づちを活用してもっと大きな面接の流れをつくることができるという視点も大切となる。

Note

　相づちは、簡単なようにみえて実際には奥が深く、その用途も広範にわたる。しかしながら、効果的な相づちの基本は、話し手の世界にきちんと近づくことであることはいうまでもない。ワーカーの一方的な解釈による相づちは、コミュニケーションを阻害するばかりでなく、問題解決への糸口を見失うことにもなる。
　また、ワーカーが面接の次への展開で頭がいっぱいになった状態での相づちなど、心ここにあらずといった実質の伴わない反応にクライエントは敏感であることを忘れてはならない。

04 沈黙を活用する

沈黙を効果的に活用し、クライエントが思考を深める過程をすすめる。

Theory

沈黙は、いうまでもなくきわめて重要なノンバーバルコミュニケーションのひとつである。日常生活上の会話においても、沈黙には重要なメッセージが含まれることが多い。

対人援助のための相談面接場面においても、ワーカーがこの沈黙をいかに取り扱うかが重要な要素となる。その取り扱いには、2つの内容を必要とする。そのひとつは、クライエントの沈黙が意味するメッセージをワーカーができる限り正確に解釈して面接に活かすことである。もうひとつは、クライエントにとって意味のあるように沈黙を有効に活用することである。相談面接における効果的な沈黙の活用という観点からは、とりわけ後者の意義は大きい。面接の目的のひとつは、来談者であるクライエントが自分自身や自分の問題について気づきや洞察を深めることにある。こうした面接過程を有意義なものにするためには、効果的な沈黙の活用が不可欠である。

沈黙には、無意味な沈黙と有意義な沈黙とがある。有意義な沈黙とは、その時間がクライエントにとって意味があるということである。つまり、クライエント自身が自分の考えをまとめたり、適切な言葉を選んだり、また自分自身や問題への洞察を深める時間ということである。その時間はクライエントの持ち時間であり、ワーカーはそれを積極的に待つ時間でなければならない。

反対に、無意味な沈黙とは、クライエントにとって意味のない時間のことである。つまり、無意味に会話がとぎれて続かない場合やワーカーが立ち往生するような場合である。

相談面接においては、当然ながら有意義な沈黙の活用が求められるが、ワーカーは面接場面で無言のまま時間が流れることに居心地の悪さや焦りを感じる場合も多い。そして矢継ぎ早にクライエントに質問を投げかけて、その沈黙の時間を「穴埋め」しようとしたりする。この「穴埋め」が、時にクライエントの思考や発言を遮ってしまうことになる。

　こうした状態を招いてしまうのは、面接場面において「話をする主体」がクライエントの側ではなく、ワーカーの側にあるからである。相談面接におけるこの主客関係のあり方について、ワーカーは常に意識しておかなければならない。面接の時間は、<u>クライエントの持ち時間</u>でなければならないのである。

　この「話をする主体」がクライエントにあるというのが、沈黙を有効に活用するための前提条件となる。それによって、クライエントは催促されることなく自分自身のペースで思考し、言葉を選ぶことができる。ワーカーは無意味な「穴埋め」に精を出す必要もなくなり、余裕をもって待てるようになる。

　相談面接における沈黙の活用は、クライエントが自分の言葉で話をするために欠かせない、つまりは対人援助における「問題解決」のための重要な面接技法といえる。

Guide to Practice

ポイント事例

C：下の子が生まれてから、上の子に対する私の気持ちが変わったように感じます……。

W：上のお子さんに対するお気持ちが変わられた、という点についてもう少しお聞かせくださいませんか。

C：ええ。そうですねえ（沈黙）、どのように表現したらいいのか……（沈黙）。

沈黙の意味を理解する

　クライエントの沈黙が意味するところは多様である。ワーカーは、クライエントに波長を合わせながら、その会話全体の流れのなかでその意味を理解しなければならない。とりわけ、そこでの沈黙が、ワーカーもしくはワーカーとのやりとりに対する「抵抗」という負の感情表現である場合には、慎重に対処する必要がある。その沈黙の意味を取り違えると援助関係に致命的なダメージを与えることになりかねない。

　その一方で、クライエントの沈黙は、ポイント事例にみられるように、負の感情表現だけではなく、とまどい、逡巡、迷い、熟考のための時間を意味することも多い。その際には、適切な範囲内でワーカーが積極的に「待つ」姿勢が求められる。この場合には、言語化するのに適切な表現が見つからない場合だけでなく、言語化の内容が世間でタブー視されている場合や、それを口にすることで自分が悪く見られるとクライエント自身が感じている場合なども含まれる。

沈黙時間を適切に保つ

　このポイント事例において沈黙時間の長さを指し示すことは難しいが、沈黙時間を適切に保つことが大切である。少なくとも、ワーカーが沈黙を破ることによって、クライエントの思考を遮ってはならないし、かといって無意味に冗長であってはならない。ワーカーは、その見極めをクライエントの表情や態度、これまでの話の流れから判断することになる。あくまで話す主体がクライエント側にあり、クライエントの持ち時間でなければならない。

他の面接技法と組み合わせる

　ポイント事例においても、沈黙時間は言葉としてのやりとりがないというだけで、コミュニケーションの過程は続いている。非言語の技術である〔1 アイコンタクトを活用する〕〔2 うなずく〕〔3 相づちを打つ〕等と組み合わせることで自然に用いることができる。また、表情や態度を用いた

面接技法と組み合わせることで、その活用の幅も広がる。

Note

　沈黙を長く感じるか、短く感じるかは個人差がある。また、沈黙のとり方やその意味するところは、文化や慣習によっても大きく異なる。ワーカーは沈黙のもつそうした個人差を意識しながら面接に反映させることが求められる。

05 開かれた質問をする

「はい/いいえ」では答えられない質問をすることによって、クライエント自身が自分の言葉で話ができるようにうながす。

Theory

開かれた質問は、〔6 閉じられた質問をする〕とともに質問のための重要な基本技法として位置づけられる。オープンクエスチョン（open question）ともいわれるように、相手が「はい/いいえ」では答えられない質問を投げかけることである。

この質問技法の最大の特徴は、この質問によってクライエントが自分の言葉で話ができる機会を提供することにある。これは援助における大切な要素を含んでいる。クライエントが自分の言葉で話すことは、自分自身や自分の問題について発見したり、気づきや考察を深める重要なプロセスとなる。また、ワーカーにとってもクライエントが自ら紡ぎ出した言葉は、クライエント理解のためのきわめて重要な情報となる。

対人援助の最大の特質は、クライエント本人が自らの問題を解決していけるように働きかけることにある。この「開かれた質問」は、クライエントが問題解決の主体となるという大きな意味をもつ面接技法である。つまり、この技術を用いることによって、面接を含めた援助の過程においてクライエントが中心となる流れをつくることができる。たとえば、「最近はどうですか？」といったような大きく開かれた質問は、「さあ、どこから始めましょうか」というクライエント自身が自分のスタート地点を決めることができるという意味合いをもつ。

さらには、この「開かれた質問」によってクライエント自身が「気づき」のプロセスを歩むことができる点も特徴といえる。ワーカーから開かれた質問をされ、これに対して自分の言葉で答えるためにクライエント自身が思考を深めるという作業は、当事者自身が自分で解決できるように援

助するという対人援助の過程そのものと重なることになる。

　「開かれた質問」は、実際には〈いつ・どこで・だれが・何を・どのように〉を用いた質問形態をとることになる。その焦点を当てる内容によって、①クライエント自身にまつわる事実を尋ねる質問、②クライエントの感情表出をうながす質問、③クライエント自身からみた主観的考えを尋ねる質問に大別することができる。これらは、いずれもクライエント本人からみた内容を言葉で表現できる機会を提供するところにこの技法の重要な意味がある。その意味では、「開かれた質問」の場合、②と③の内容が重視されることになり、そこでは質問形態として〈どのように〉が多用されることになる。

　以上の点から、相談面接におけるワーカーによる質問は、原則的には「閉じられた質問」よりも「開かれた質問」を重視することが大切となるといえよう。

Guide to Practice

ポイント事例

C：そのとき、娘にとてもショックなことを言われたんです。
W：大きなショックを受けられたのですね。娘さんはどのようにおっしゃったのでしょうか？① 差し支えなければ、お聞かせください。
C：ええ。あの子はこう言ったんです。小さい小さい声で、「もっと私の話を聞いて」と。それを聞いて……。
W：それを聞いてどのようにお感じになられました？②
C：ガーン、という感じでしたね。娘がそこまで思っていたことにショックを受けました。実は、もっと子どもにかまってあげないといけないとは感じてはいたんです。でもそれは私だけでなく、娘も感じていたんですね。

> W:「もっと私の話を聞いて」という言葉には、娘さんのどのような気持ちやメッセージが含まれていたのでしょうね。③
> C:そうですねえ……。きっと話を聞くかどうかの問題だけではなくて、しっかりと私を見ておいてほしいとか、そんな意味もあったのかもしれません。

クライエント自身にまつわる事実を尋ねる

　下線部①の質問は、娘から言われた言葉を「開かれた質問」によって自由に答える機会を提供するかたちになっている。この類型は、クライエントが体験したり、クライエントに関係する事実を自由に表現することをうながす質問技法である。この類型による質問は、クライエントの知りうる事実について尋ねるわけであるから、〈いつ・どこで・だれが・何を・どのように〉のいずれの質問形態においても活用できる。「食事は自炊ですか？」と尋ねるのではなく「食事はどのようにされているのですか？」と質問したり、また「背中の痛みはひかれましたか？」と尋ねるのではなく「背中の痛みはいかがですか？」と尋ねることによって、同じ事実を尋ねるかたちでも答える側に主導権をもたせることができる。

クライエントの感情表出をうながす

　「開かれた質問」による感情へのアプローチは、面接においてはきわめて重要である。下線部②は、「それを聞いて……」という言葉を受け、クライエントの感情表現を支持するかたちとなっている。質問者が「〜という気持ちだったでしょ」と決めてかかるのではなく、この質問によってクライエント自身が自分の言葉で自分の気持ちや感情をオープンにすることができる。感情の取り扱いは、相談面接において大きな意味をもつが、その意味でもこの「開かれた質問」は重要な面接技法となる。なお、感情へのアプローチについては、感情に接近する技法（**15**〜**21**）として整理している。

クライエント自身からみた主観的な考えを尋ねる

　この使い方は、クライエント自身からみた主観的な考えを尋ねることによって、クライエントが考察・洞察する機会を提供するもので、感情へのアプローチとともに「開かれた質問」の重要な活用法である。娘の発言にどのような気持ちやメッセージが含まれていたのかについて尋ねた下線部③の質問は、娘の発言についてもう一歩深く考察する機会を提供することを意図している。当然ながら、こうした質問は面接内容の流れのなかで、クライエントの気づきや考察を深めるタイミングを見極めることが大切となる。

Note

　ワーカーがクライエントに対して質問することは、ワーカーがやりとりの起点となることを意味する。それは「ワーカー主導」という構図を生みだす可能性をもつ。ワーカーは、その危険性を十分認識したうえで、効果的かつ有意義な「質問」の活用法を工夫することが求められる。

06 閉じられた質問をする

「はい/いいえ」で答えられる質問をすることによって、必要な情報を的確に収集するとともにクライエントが自分の言葉で話すきっかけを提供する。

Theory

　閉じられた質問は、相談面接における基本技法のひとつで、〔5 開かれた質問をする〕とともに質問のための重要な技法として位置づけられる。クローズドクエスチョン（closed question）ともいわれるように、相手が「はい/いいえ」で答えられる質問を投げかけることである。

　〔5 開かれた質問をする〕で指摘したように、「開かれた質問」が援助面においては重要な意味をもつ。それは、「開かれた質問」がクライエント本人が自分の言葉で話す機会を提供するものであるのに対して、「閉じられた質問」はワーカー主導で進められる傾向が強くなるからである。つまり、ワーカーが注意しておかなければ、尋問もしくは事情聴取のようなやりとりに陥る危険性があることや、ひとつ間違えばワーカーの都合のいい内容だけを誘導尋問するかたちになってしまうことを十分念頭に置いておかなければならない。また、「閉じられた質問」を多用すると、知らず知らずのうちにワーカーのペースにクライエントを巻き込む危険性もある。とりわけ、判断能力が不十分な人や自分の意思をうまく表現できない人に対する面接においては、こうした点に注意が必要である。ワーカーは、この「閉じられた質問」をむやみに多用したり、連続して用いるのではなく、意識的に活用することが求められる。

　「閉じられた質問」のこうしたデメリットや危険性を押さえたうえで、この質問のメリットを理解して活用すれば、有効な技法として効果を発揮する。「閉じられた質問」の最大の長所は、クライエントが答えやすい「はい/いいえ」という二者択一の状況を提供できる点にある。このことは相談面接において有効に活用できる。

「閉じられた質問」は、次の２つの目的に沿った使い方をするとき、有効に機能する。ひとつは、面接過程においてワーカーが必要とする情報を多方面にわたってピンポイントで的確に収集すること。もうひとつは、クライエント本人が自分の言葉で話ができたり、洞察を深めることができるきっかけを提供することである。とりわけ後者の点において、この質問技法の意義は大きい。つまり、たとえ「閉じられた質問」であっても、「はい/いいえ」をきっかけとして本人自身が話をする機会をもたらすことができる。実際、誰しもいきなり「自分の言葉で」と言われても容易ではないし、日常のコミュニケーションにおいても「はい」か「いいえ」で返答したあと、それに続けて何らかの追加発言が出てくることが多い。たとえば、ワーカーの「お母さんはお近くにお住まいですか？」という閉じた質問に対して、「ええ、そうです」と答えたとしても、その後に「私の家から歩いて５、６分ぐらいですかねえ。まあ、行こうと思えばいつでも行ける距離なんですけど……」といったような展開がみられることが自然である。したがって、「閉じられた質問」をするにしても、その前段から「クライエントがワーカーの質問に答える」という面接パターンではなく、「クライエント自身が話す場」であるという流れをつくっておくことが大切である。

　いずれにせよ、援助目的に沿った円滑なコミュニケーションのためには、「開かれた質問」だけでは不十分であり、「閉じられた質問」がもつ特性を理解したうえで適切に組み合わせる必要がある。

Guide to Practice

ポイント事例

C：実は、主人は再婚だったんです。結婚してくれと言われたとき、私も若かったですから、あまり深く考えなかったのですが……。

W：ご主人が再婚だったことで、いろいろおありだったということで

> すね。いくつかおうかがいしていいでしょうか。
> C：ええ。
> W：<u>前の奥さんとご主人との間には、お子さんはおられたのですか？</u>
> C：ええ、おりました。一男一女でした。その長男というのが……、なんと言ったらいいのでしょうか……、なかなか独り立ちできないというか、そんな感じで主人がいろいろお金を工面していたようなんです。

話の流れのなかで、「閉じられた質問」を有効に用いる

「閉じられた質問」を唐突に用いると、どうしても尋問調になりがちである。したがって、話の流れに合わせて自然なかたちで用いるべきである。このポイント事例では、ワーカーがまず「いろいろおありだったということですね」と受けとめてから、「いくつかおうかがいしていいでしょうか」と下線部の質問への流れをつくっている。

「閉じられた質問」への回答のあとの展開を大切にする

さらにその流れは、「はい」か「いいえ」の回答後への流れをつくることになる。「ええ、おりました」というのは、クライエントが自分の言葉で話をするための入り口となる。そのために、ワーカーは、この「はい」か「いいえ」の直後の受け方が大切となる。次の言葉をクライエントがつなげることができるように、表情や視線ではげまし、少し間を置くなどの工夫が求められる。

Note

相談面接においては、「閉じられた質問」を用いる場合でも、「はい/いいえ」で答えられない複雑な事情やアンビバレントな感情に焦点を向けることが必要である。「ええ、そうなんです」あるいは「いや、そういうことではないんです」といった返答の際の表情、間、態度といったものを重要な情報として、次の展開に活かしていかなければならない。

07 繰り返す

クライエントが発した言葉の一部を抽出して、そのままクライエントに返す。

Theory

　相談面接におけるワーカーの基本的な応答技法のひとつで、クライエントが発した言葉の一部を抽出してそのままクライエントに返すという面接技法である。比較的単純な技法でありながら、その活用範囲は広く、また意図的に用いることで、効果的に面接過程をすすめることができる。俗に「オウム返し」とも呼ばれることがあるが、たんにクライエントの発言を模倣すればよいというものではない。この技法の特性を十分に承知したうえで適切に用いる必要がある。不適切な箇所を繰り返したり、必要以上に多用したり、また機械的に繰り返したりすると、面接過程が壊れるだけでなく、クライエントの感情を害する可能性もある。なお、抽出してそのままクライエントに返すのではなく、要約して返す技法については、〔11 要約する〕でとりあげている。

　この面接技法を用いる意義は、大きく分けて2つの点から指摘できる。まずひとつは、クライエントが発した言葉をそのまま繰り返すことで、ワーカーが「あなたの発言をしっかりと聴いていますよ」というメッセージをクライエントに具体的に送ることができることである。このことによって、聞いてもらえているという安心感をクライエントに与え、クライエントに次の発言をうながすことができる。この点では、〔2 うなずく〕や〔3 相づちを打つ〕による「最小限のはげまし」よりも積極的な技法といえる。また、ワーカーがこのメッセージを送ることは、クライエントとの関係づくりのための基礎作業となる。ワーカーによる「繰り返し」は、クライエント自身やクライエントが抱える問題にワーカーがきちんと向き合っていることを言葉で示すことである。なお、関係づくりに大きな意味

をもつクライエントの感情表現に対する「繰り返し」については、〔17 感情表現を繰り返す〕においてとりあげている。

「繰り返し」のもうひとつの意義は、重要事項についてクライエントの確認をとりながらすすめることができ、さらにそこを起点として内容を深めることができることである。この場合には、クライエントの発言内容のなかから援助の展開に重要な意味をもつ発言をワーカーが見極めて抽出し、それを語尾を上げるなどの質問調による「繰り返し」によって返すことになる。それは「そのまま続けて話してください」というはげましのメッセージとなったり、さらなる説明を求めるという意味合いをもつことになる。

この「繰り返し」の技法は、当然のことながら会話の流れのなかで用いること、そしてクライエントの発言のなかからどの言葉を拾うかの判断が重要になることはいうまでもない。

Guide to Practice

ポイント事例

C：私、島根の松江で生まれ、育ちました。もう、ずいぶん昔のことですが……。

W：ほう、松江生まれの松江育ちでいらっしゃるんですね。

C：ええ。それで地元の高校を卒業したあと、町工場の事務の仕事をしていました。3年ほど働いたでしょうか、その頃にお見合いの話をいただいて結婚しました。その夫の仕事の関係で大阪に出てくることになったんです。

W：そうですか。ご主人のお仕事の関係で大阪に来られたのですね。

C：ええ、それ以来必死に生きてきたという感じですが、今では松江時代がとてもなつかしいですねえ。

「聴いていますよ」というメッセージを送る

ポイント事例にみられる下線部の「松江生まれの松江育ちでいらっしゃるんですね」と「ご主人のお仕事の関係で大阪に来られたのですね」というワーカーの発言は、最も単純な「繰り返し」の活用方法である。クライエントの発言に対して、しっかりと傾聴しているというメッセージを具体的に返すという応答である。「繰り返し」といってもまったくそのままではなく、意味はそのままで言葉を返答用に若干変えたり、またワーカー側からクライエントに向けて返すわけであるから、当然「お生まれ」「お育ち」「ご主人」といった言葉に置き換えられることになる。その際、ワーカーが留意しなければならないことに、ワーカーによる発言の語尾の問題がある。ポイント事例ではどちらのワーカー発言も「～ですね」で終結しているが、日常会話の場合には「～ですか」というかたちで終止してしまうことが多い。「か」で終結した場合、疑問文とも紛らわしくなり、しっかりと傾聴しているというメッセージが曖昧になることに留意が必要である。

> **ポイント事例**
> C：大阪に出てきてから、本当にいろいろありました……。造船会社の下請けをしていた夫の工場がつぶれて、生活が不安定になり、拍車をかけるように娘の闘病生活が始まり……、といった感じで……。
> W：<u>娘さんの闘病生活？</u>
> C：ええ。心臓の難病だと言われてました。今なら何か治療の手だてもあったかもしれませんが…。当時はよくわからないまま、あちこちの病院へ連れて歩きました。

特定の発言についてさらに詳しい説明を求める

ポイント事例では、下線部の「娘さんの闘病生活？」と質問調で繰り返すことで、そのことについての詳しい説明を求める展開になっている。つ

まり、この「繰り返し」は「そのことについてもう少しお話ししてくださいませんか」というメッセージとなっている。この技法をタイミングよく用いることで、それまでのリズムを崩さずに、そこを起点としてもう一歩内容を深めることができる。面接過程においては、「先ほど、〜とおっしゃったことについておうかがいしたいのですが……」という具合に、一度話が途切れた内容について元に戻ってやりとりを始めるのは、双方にとって新たな労力を必要とし、また効果的ではない。クライエントが話す文脈のなかで、タイミングよく「繰り返し」の技法を用いることの有用性は高い。

Note

この「繰り返し」の技法は、クライエントの発言をとりあげて返すというだけでなく、クライエントが使った構文や文型をそのままのかたちで返すことで、クライエントの耳に馴染みやすくなる面がある。ワーカーはこのことも意識しておくと、より有効に用いることができる。

08 言い換える（関心）

クライエントの発言を別の表現で言い換えて応答することで、関心をもって傾聴していることを伝え、発言をさらにうながす。

Theory

　クライエントの発言を別の表現で言い換えて応答するという「言い換え」は、基本的な面接技法のひとつである。この技法の用途は広範にわたる。ここでの「言い換え」は、〔9 言い換える（展開）〕と〔10 言い換える（気づき）〕のための基本技術となる重要な技法である。

　ここでとりあげる「言い換え」は、クライエントの発言に関心をもって傾聴していることを伝える面接技法である。クライエントの発言内容を正確に理解し、その内容をクライエントに向けてさらに正確に言い換えて返すことがワーカーに求められる。

　面接過程において、自分の発言が正確に理解されていることをクライエントが認知することは、信頼関係の形成につながる安心感をもたらし、さらに次の発言を後押しすることになる。

　クライエントの発言内容の「言い換え」にはバリエーションが多いが、クライエントが発した言葉のいくつかを用いて言い換える場合と、クライエントの発言内容を別の言葉で言い換える「言い換え」に大別できる。前者の場合は、〔7 繰り返す〕の延長線上に位置するものといえる。

　さらに、関心を向けていることを伝える「言い換え」の活用方法として、ワーカーによる「言い換え」によってクライエントの発言内容を確認するという意味合いを含む場合もあるし、また「言い換え」の内容がクライエントにとって違和感がある場合や不足している場合などには、クライエントが追加の説明をしたり、内容の修正を加える機会を提供することにもなる。

Guide to Practice

> **ポイント事例**
>
> C：この子が3歳のとき、いくつもの病院を訪ね歩きました。それも、有名な先生がいると聞けば、全国どこへでも行きました。家計はずっと苦しかったですね……。
> W：<u>お金がかかることなどかまわずに、あちこちの病院の先生に診てもらわれたのですね。</u>
> C：ええ。当時は、それほど追い込まれた気持ちだったんです。

クライエントの発言を正確に理解し、的確に言い換えて返す

　ポイント事例の下線部では、ワーカーは全国の病院を訪ね歩いたことと家計との関係をきっちりと理解して、その内容を繰り返している。そのためには、クライエントとの会話の流れのなかでクライエントの発言内容を正確に理解すること、そして的確な言葉を選んでその内容を言い換えることが求められる。そのことによって、ポイント事例にあるように、クライエントの「それほど追い込まれた気持ちだったんです」という感情につながる重要な言葉を引き出すことになっている。

> **ポイント事例**
>
> C：当時のことですから、自閉症に対する周囲の理解も十分ではありませんでした。医療機関でさえそうだったんです。
> W：<u>周囲の人たちだけでなく、どの病院でもお子さんのことをきちんとわかってもらえなかったのですね。</u>
> C：ええ、そうなんです。ただ、子どものことをわかってくれないというだけでなく、母親である私の子育てに対して不信の目や風当たりは強かったですね。それがつらかったです……。

クライエントに追加の説明や訂正の機会を提供する

　この面接技法には、「言い換え」による内容確認や幾分かの訂正・修正の機会をクライエントに提供することも含まれる。そのことによって、クライエントの発言の内容や主旨をワーカーがより正確に把握でき、やりとりを円滑にすすめることができる。ポイント事例では、ワーカーの「周囲の人たちだけでなく、どの病院でもお子さんのことをきちんとわかってもらえなかったのですね」という下線部の応答に対して、クライエントは肯定しながらも、子どもだけでなく私のことも理解してもらえなかったことを訴える機会となっている。

　「言い換え」は、基本的にはクライエントの発言内容に沿いながら後押しするものであるから、本人の発言内容、発言の主旨から逸脱することは原則に反することになる。

Note

　クライエントの発言内容を正確に言い換えるためには、当然ながらクライエントの文脈のなかで傾聴する必要がある。ワーカーの「言い換え」によるズレは、クライエントに不信感をもたせ、信頼関係を阻むことにもなる。

09 言い換える（展開）

クライエントの発言を別の表現で言い換えて応答することによって、話を展開する。

Theory

　クライエントの発言を別の表現で言い換えて応答するという「言い換え」の用途は広範にわたる。ここでの「言い換え」は、〔8 言い換える（関心）〕を基本として、適切な方向に話を展開することを目的とした技法である。効果的に相談面接をすすめるうえでは、取り扱うべき問題やその問題の解決に焦点を向ける大切な面接技術である。

　この展開のための「言い換え」は、その展開の方向性によっていくつかに分類できるが、ここでは次の4つに整理して示す。

　第1は、内容を整理するための「言い換え」である。クライエントはワーカーに対して理路整然と話をするわけではない。そこで、ワーカーがクライエントの話を受けて、それを言い換えるかたちで事実関係を整理して応答し、両者で内容を確認しながら展開していく作業へとつなげていく。場合によっては、その内容の整理に、少し前の発言内容と整合性をつける作業を含むこともある。この確認作業自体が次への展開に向けた共通基盤となるとともに、クライエント自身が問題を明確化することにもつながる。

　第2には、クライエントの発言内容の概念化をうながすための「言い換え」である。内容の概念化とは、クライエントの発言を既存の概念、類型、枠組みに当てはめて意味づけをすることである。その意味づけによって、クライエントの思考を深めるとともに、明確にされた概念のなかから次の展開を引き出すことができる。

　第3には、内容の具体化のための「言い換え」である。これは、前の概念化のための「言い換え」の反対の方向をもつ応答といえる。ある特定の

概念、つまりは具体性を伴わない内容に対して、そこから「言い換え」によって具体的な内容を取り扱うための技法である。

　第4が内容の焦点化のための「言い換え」である。具体の現象に加えて、クライエントや登場人物の感情や心情、あるいは事実に関するクライエントの認知的な側面に焦点を当てて応答することも含んでいる。ワーカーは、クライエントのそうした発言の特定部分に焦点を当て、そこを言い換えて応答することで次への展開をうながすことができる。

　これらはいずれも、次の〔**10** 言い換える（気づき）〕と深く関係する技法である。

Guide to Practice

> **ポイント事例**
>
> W：その「冷蔵庫の一件」について、もう少し詳しくおうかがいしましょうか。
>
> C：ええ、聞いてください。真っ暗ななかで冷蔵庫のお総菜をその場でむしゃむしゃ食べてたんですよ。思わず、「お母さん、何やってるんですか！」と叫んじゃいました。2、3日前に、冷蔵庫のケーキがなくなっていたことがあったのですが、それもそうだったのでしょうか……。「何してるのよ」って言ったら、「まだご飯食べてないからお腹すいた」って言うんです……。
>
> W：<u>少し整理させてもらうと、冷蔵庫のなかのものを食べていたのは、義理のお母さんですよね。で、そのお母さんに声をかけると、「まだご飯食べてないからお腹すいた」とおっしゃった……。今思えば、つい最近もいつのまにかケーキがなくなっていたことがあったということですね。</u>①
>
> C：そうです、そうです。とにかく、そのときはびっくりして声も出ませんでした。母が普通でないことを見せつけられたという感じ

でした。
W：その「普通でない姿」にびっくりされたというのが、前回お会いしたときにおっしゃっていた"衝撃的な出来事"ということですね。②

「言い換え」で内容を整理する

　ポイント事例の下線部①では、「冷蔵庫の一件」で混乱状態にあるクライエントの発言を受けて、ワーカーはお母さんの言動をめぐる事実関係をきちんと整理しながらやりとりをすすめていこうとしている。その妥当な内容は、「そうです、そうです」へと続く発言を引き出している。

　また、下線部②のワーカーの「言い換え」では、「母が普通でないこと」というクライエントの発言を、この時点で「すべてが普通でない」と断定するのではなく、「普通でない姿」と応答したうえで、それを「びっくり」と結びつけている。さらに、前回での面接で話に出た"衝撃的な出来事"と「冷蔵庫の一件」を結びつけて、面接に前回との継続性をもたせようとしている。

　クライエントの発言を受けたワーカーは、その不明瞭な内容をそのまま流してしまうのではなく、必要に応じてこのような「言い換え」を活用することが有効となる。

ポイント事例

C：最近3人目の子どもが生まれたんですが、長男のことで気になることがありまして……。
W：お子さんのことですね。どのようなことでしょう。
C：うまく表現できるかどうかわからないのですが、目を頻繁にパチパチしたりするんです。ちょっとやってみますね。……こんな感じです。これが、ずっというわけではないんですけど。私、特に気にしていなかったのですが、親しくしている近所の方に言われまして。それから気になっちゃって……。そのお母さんは、そ

W：れを何とか言ってました。えーと、何でしたっけ……。
W：目を頻繁にパチパチ、ですね。う〜ん、<u>該当しそうなものとしては一般に「チック」と呼ばれるものがありますが……。</u>
C：あっ、それです、それ。その方が言ってたやつ。それは何ですか。病気ですか？
W：人からそのように言われると気になりますよね。目をパチパチすればすべてがそうだとは限りませんが、一般的には、何らかのストレスがあるときに子どもに出やすいものと言われますが。
C：へえ、ストレスねえ。うちの子の場合どうかしら……。

「言い換え」で内容を概念化する

相談面接において重要なことは、個々の事例を特定の枠組みに入れて意味づけしてしまうことではなく、概念（枠組み）と関連づけることで、クライエントの洞察を深めるためのひとつの手段として活用することである。当然ながら、これを有効に活用するためには、クライエントの問題の認識レベルや状況、ワーカビリティ（問題解決能力）についての的確な判断が求められる。また、安易に概念と結びつけることはリスクを伴うことにもなる。

ポイント事例の下線部では、子どもの状態をクライエントが聞いてきた「チック」という概念に結びつけている。そこで「ストレス」をキーワードに問題の本質に近づこうとしている。

ポイント事例

C：母には参りました。最近、どうも電話での会話がかみ合わないと思ってイライラしていたのですが、あれはボケてますね。これって、「認知症」っていうんでしたっけ？
W：電話でお母さんと話をされると、<u>やりとりがぎくしゃくしたり、言いたいことがうまく伝わらないといったようなことがおありだったのですね。</u>

> C：ええ、そうなんです。同じことを繰り返し訊いてきたり、いきなり脈絡のない話をしてきたり……。そのたびに、きつく言い返してしまって。

「言い換え」で内容を具体化する

　ポイント事例の下線部では、ワーカーはクライエントの「会話がかみ合わない」という発言を受けて、この内容を「やりとりがぎくしゃくしたり、言いたいことがうまく伝わらない」と具体的に言い換えて応答している。その結果、クライエント本人が感じている母親の「ボケ」の具体的な状態が本人の口から明らかになっている。
　相談面接でのワーカーの役割は、認知症かどうかを断定することではない。また、「イライラ」というクライエントの感情の表出に対して共感的に対応することが求められるが、ポイント事例ではこれに即刻かつ直接的に対応せずに、「言い換え」による具体化によって「イライラ」の結果として「きつく言い返してしまって」という発言を引き出している。

> **ポイント事例**
> C：うちの子、他の子に比べて言葉が遅いんです。義理の母が、会うたびにそう言うんです。このあいだは育児書を持ってきて、私に説明までしはじめて……。
> W：義理のお母さんは、お子さんの言葉の発達が遅いと思われているのですね。

「言い換え」によって内容を焦点化する

　ポイント事例では、クライエントの認知的な面に意図的に焦点を当てようとしている。つまり、クライエント自身は「言葉の発達の遅れ」をどのように認識しているのかを明確化しようとしている。そのために「言い換え」によって、クライエント発言の２つの文を合わせて、「義理のお母さんは、」という主語にして応じている。このことによって、クライエント

と義理のお母さんの認識の差異を明確化する展開にもっていこうとしている。もしワーカー発言の下線部分を「が、」と言い換えれば、その強調のレベルが大きく変わることも注目すべき点である。

Note

　展開のための専門技術である「言い換え」の中身は多様であるが、いずれも次への流れをつくるための応答の技法として活用される。こうした流れをつくることは、相談面接においてきわめて重要な要素となる。ワーカーの「言い換え」によって、そのやりとりを終結させたり、早急に結論を求めようとすることでは決してない。

10 言い換える（気づき）

クライエントの発言を別の表現で言い換えて応答することによって、クライエント自身の気づきや洞察をうながす。

Theory

　ここでとりあげる「言い換え」は、クライエントの発言を別の表現で言い換えて応答することによって、クライエント自身の気づきや洞察をうながすための面接技法である。「気づき」のための「言い換え」は、〔8 言い換える（関心）〕および〔9 言い換える（展開）〕とともに、相談面接において重要な技法のひとつとして位置づけられる。クライエント自身が自分の問題や状況について洞察を深める作業をワーカーが支えていくことは、対人援助過程においてきわめて重要な意味をもつ。

　この面接技法は「内容の反映」として類型化されるものであるが、クライエントの「明確化」のための主要技法として活用される。クライエント本人に考える機会を与え、気づきを深めるためのワーカーの技術である。

　クライエントの発言を別の表現を用いて応答するものであるが、会話の流れや当面取り扱うべき問題の見極め、クライエントの気づきのレベル等によって活用範囲は広い。しかしながら、焦点が当てられる「気づき」の内容は次の2つに整理される。

　ひとつは、クライエントに関係して生起している事象への気づきである。混乱状況にあるクライエントは自分に起こっていることについて、自分自身で冷静かつ客観的に整理して認識することは容易でない。その整理の作業をワーカーの「言い換え」によって促進しようとするものである。

　もうひとつは、クライエント自身の気持ちや感情への気づきである。困難な状況にあるクライエントが自分の状況や特定の場面、人物等に対して抱く感情を自分で認識し、それを受けとめることは、問題に向き合うために必要な要素となる。ワーカーによる「言い換え」によって、そうした気

づきをうながそうとするものである。この内容は、〔**18**感情表現を言い換える〕の内容と深く関係するものであるが、ここでの「言い換え」は自分の感情への気づきをうながす点に重きを置くものである。

Guide to Practice

ポイント事例

C：あれこれといろいろなことが起こっちゃって、もうパニックって感じなんです。まず、夫の浮気です。相手は、会社の若い子のようです。そのことが発覚してからというもの、夏頃だったでしょうか、私、腹が立って毎日のように言い合いしてたんですけど、最近はほとんど口もきいてない状態なんです。加えて、長男の万引き。学校から連絡があったときはまさかって感じで耳を疑いました。それ以来、息子は私を避けるようになって……。

W：ご主人の浮気と息子さんの万引き事件。こんな大変なことが２つも重なってしまって、余裕のない状態に陥っておられるんですね。①

C：（うなずく）

W：息子さんの万引きのことは初めておうかがいしました。万引きの件で学校から連絡があったのはいつ頃のことでしょうか？

C：えーと、だいたい４、５か月前だったと思います。

W：そうですか。ということは、ご主人の浮気が発覚していさかいが始まり、そのすぐあとぐらいに万引き事件があって息子さんとの関係がぎくしゃくし始めたということですね。②

C：ええ、そういうことになりますね……。

「言い換え」で事実への気づきをうながす

ポイント事例では、まず下線部①の応答によって、クライエントの発した内容と「パニック」という言葉に反応して共感的に言い換えている。そ

のうえで、事実の側面から万引きのあった時期を尋ねている。これが次の「事実への気づきをうながす言い換え」の伏線となっている。下線部②の言い換えでは、2つの出来事の始まりとして、まず「浮気」が、続いて「万引き」が起こっていること、そしてその始まりの時期はそれほど離れていないことを指摘している。このことによって、2つの出来事の関連性をクライエント本人が考察する機会を提供するという流れをつくっている。

> **ポイント事例**
> C：夫のことも息子のことも、まさかという感じでした。ショックでしたね。夫には、裏切られた気持ちが強いんですね……。息子のことは、なんと言ったらいいのか……。
> W：どちらのことも、思いもよらないショックなことであったという点では同じでも、裏切られたというご主人に対する気持ちと息子さんへの思いはまた違ったものがおありなんですね。

「言い換え」で自分の感情への気づきをうながす

　ポイント事例でのワーカーの下線部の応答は、「思いもよらないショックなこと」という共通点を確認したうえで、夫と息子に対する感情には違いがあることを際立たせようとする流れをつくっている。この応答を有意義なものにするためには、当面の面接で取り扱うべき問題の見極めをしておくことが前提となる。ポイント事例の場合であれば、夫のことも息子のことも「まさかという感じ」という意味では共通しているものの、「裏切られた」という夫への感情と息子への感情は異なることに焦点を当てようとしている。また、当然ながら、会話の全体の流れのなかで、クライエントの感情の動きに波長を合わせ続けることも大切となる。

　自分の感情への気づきをうながすための「言い換え」は、クライエント自身が自分の問題を整理し、洞察を深める機会を提供するという意味で、対人援助の重要な面接技法といえる。

Note

　「言い換え」の技法すべてに共通することであるが、その言い換えた中身が、問題の本質や会話の流れ、クライエントの感情の動きなどに合致したものでなければ、逆効果になったり混乱を招く可能性があることを、ワーカーは十分に認識しておく必要がある。

11 要約する

クライエントの発言内容を的確に要約して返すことで、面接を円滑かつ効果的にすすめる。

Theory

「要約」は、相談面接における基本的な応答技法である。これは面接過程を円滑かつ効果的にすすめるために、クライエントの発言内容をタイミングよく的確に要約して返す技法である。〔7 繰り返す〕がクライエントの発言の一部をそのまま抽出して返す技法であるのに対して、「要約」はそのクライエントの発言内容を要約して返す技法である。

この技法の基本的な目的は、〔7 繰り返す〕と同じく「要約」によって「あなたの発言をしっかりと聴いていますよ」というメッセージを送ることで、クライエントに安心感を与え、次の発言をさらにうながすことである。クライエントの発言が長い場合、「繰り返し」ではその応答が不可能であるため、発言内容の主旨をくみ取り、クライエントの言いたいことに波長を合わせながら「要約」することが求められる。その意味では、たんに内容を正確に要約するという機械的な応答であってはならない。

この「要約」の技法は、意図的に活用したり工夫することで、相談面接における活用の可能性がさらに広がる点に特徴がある。複数の要素が重なり、整理できていない状態にあるクライエントが的確に要点を整理して話すことは難しい。その結果、発言が冗長になったり、相互に無関係な要素を並べたりする場合もある。そうしたときに、「要するにあなたのおっしゃりたいことはこういうことですね」というニュアンスで用いることで、クライエントが自分の考えをまとめたり、内容を整理する手助けをすることができる。このことは、自分で解決できるようにうながすという、対人援助においても意味のある過程といえる。

また、ワーカーによる「要約」の内容は、クライエントの発言すべてを

網羅して返すのではなく、その応答の内容に濃淡をつけることで、特定の部分についてさらに掘り下げる機会をもたらすことができる。これによって、問題の核心に向けて面接内容を方向づけたり、前後の文脈に話の流れを合流させることができる。

さらに、「要約」の活用法として、ワーカーが次の段階に話題をすすめたいときや終結したいときなど、一区切りつけたいタイミングでも用いることができる。

Guide to Practice

> **ポイント事例**
>
> C：昨日、久しぶりにホームセンターへ行ったんだけど、いろいろ買い過ぎちゃった。えーと、体を洗うスポンジでしょ、シャンプー、じょうろ、土に差す栄養剤みたいなのとか、洗濯バサミもね。そうそう、あと靴ベラまで。かわいいのがあったのよ。
>
> W：久しぶりのホームセンターで、日用雑貨やガーデニング用品など、たくさん買われたのですね。

正確な要約によってきちんと傾聴していることを伝える

この要約のパターンは、応答の技法の基本形である。クライエントが話した内容を正確にとりまとめて返していくという用法である。ポイント事例では、「日用雑貨やガーデニング用品など」という表現で集合的にまとめられている。クライエントにはこのパターンの応答で傾聴してもらえていることが十分に伝わるだろう。

要約の技法は、「いろいろ」をまとめて返すこと、つまり具体的なものを集合的に概念化して応答することで、次のクライエントの発言においてさらに具体的な「いろいろ」を引き出すという効果もある。

> **ポイント事例**
>
> C：徳島にいたときはずっと左官をやってました。30年ほど前に大阪にやってきたのですが……、えーと、まず米の配達から始まってビルの警備、靴工場、建材の運送会社……。それから小さな印刷屋での住み込み。そのときに結婚したんですけどすぐ逃げられましたわ、ハハハ……。上の娘は、そのときの子どもですねん。で、今の嫁はんは、以前にお菓子の工場にいたときに知り合いましたんや。
>
> W：大阪に来られてから、ほんとにいろいろなお仕事をされてこられたのですねえ。それで、印刷屋さんにお勤めのときに知り合われたという前の奥さんとの間にできたお子さんが、今の一番上の娘さんでいらっしゃるんですね。

内容を的確に要約し、取り扱うべき内容に焦点を当てる

　ポイント事例では、クライエントが自分の職歴と結婚歴について混在するかたちで話している。クライエントの発言内容の単純な要約だけでは、面接に流れをつくることにはならない。ポイント事例の場合には、この時点で職歴、結婚歴、子どもに関することのどの内容に焦点を当てるかについて、クライエント自身の「伝えたいこと」に波長を合わせながら判断することがワーカーに求められる。ワーカーは全体に要約しながらも、一番上の娘の出生にウエイトを置く展開をしている。

Note

　そもそも人の話をポイントを押さえて瞬時に短くまとめて返すという作業自体簡単ではない。面接における「要約」とは、クライエントの話をたんに圧縮して返すということではないし、ましてやそれを問題解決に向けた流れのなかで用いるとなると高等技術の域である。それまでの会話の流れ、焦点を当てるべき内容、クライエントの感情などを総合して「要約」することが求められる。

12 矛盾を指摘する

クライエントの発言内容や言動の矛盾を指摘することによって、クライエントの考察を深める。

Theory

　クライエントの発言内容や言動における矛盾を指摘することによって、問題解決に向けて内容を掘り下げ、考察を深める技法である。「対決の技法」といわれることがあるように、そのやりとりにおいては、構図的にはワーカーとクライエントが「対決」のかたちになるものである。相談面接は、たんにクライエントが感情を吐露したり、クライエントが自分に起きていることについてあれこれを話せばよいというものではなく、問題や課題の解決という明確な目標をもった取り組みでなければならない。そのためには、クライエントの発言や態度に対して、ワーカー側からの意図的かつ積極的に焦点化した働きかけが求められる。

　その積極的な働きかけのひとつが「矛盾の指摘」である。相談面接の専門技術として重要かつ有効なものであるが、活用にあたっては危険が伴うことを十分に認識しておく必要がある。ひとつ間違えば、援助関係の破綻を招くことになるからである。

　その留意点のひとつは、「矛盾の指摘」による「対決」の構図を持ち込むことによって、ワーカーによる非難や攻撃として映る可能性があることである。気をつけなければならないのは、ワーカー側にそのつもりはなくても、ワーカーの指摘を受けたクライエントがそうしたメッセージとして受けとってしまうということである。そのことで、クライエントが萎縮したり、ワーカーに対して反感や抵抗感、不信感をもったり、場合によっては援助関係が壊れたりすることになる。したがって、それまでの信頼関係に裏打ちされた確固たる援助関係を礎にしながら用いることが絶対条件となる。加えて、「矛盾の指摘」は社会的な規範やワーカーの価値観によっ

て、クライエントの発言や言動を評価するものとして伝わることがあってはならない。あくまで非審判的態度を貫くかたちで「矛盾の指摘」を用いる必要がある。

　さらに留意しなければならないのは、「矛盾の指摘」をすることが目的ではなく、クライエントが自分の状況や問題にきっちりと向き合い、そこから考察を深めることに本来の目的があることである。このことは、「矛盾の指摘」をしたあとの働きかけが重要な意味をもつことを示唆するものである。クライエントの発言内容に一貫性がなかったり、つじつまが合わない場合や、言っていることとやっていることに違いがある場合などに、機械的にそのことを指摘すればよいというものではない。無意識であったにせよ、そうならざるをえない背景を理解しながら、クライエントの気づきを支え、現実に目を向けることを後押しすることがワーカーの役割となる。その意味では、「矛盾の指摘」は「はげまし」の技法ともいえる。したがって、「矛盾の指摘」をより有効に活用するためには、クライエントの「気づき」の変化に合わせてタイミングよく用いることもワーカーに求められる。

　「矛盾の指摘」を用いる際の矛盾（不一致）の中身は、①前言の内容（事実）との矛盾（不一致）、②言動の矛盾（不一致）、③感情の矛盾（不一致）、の３つに大別できる。

Guide to Practice

ポイント事例

C：子どものことなんですが……。私には子どもが２人いるんです。どちらも男の子で、３つ違いなんです。

W：えーと、以前おうかがいしたときには、お子さんは３人おられるとおうかがいしたように思うのですが……。

C：えっ？　あぁ、そうですね……。３人といえば３人です。さらに

> 上に、8つほど離れてもう一人います。女の子なんですが……。
> 夫は再婚なのですが、その夫が連れてきた子なんです。

前の発言との不一致を指摘する

ポイント事例の下線部では、以前に子どもは「3人」と言っていたのに、今回は「2人」としていることをワーカーが指摘している。ワーカーは、クライエントの「言い間違い」を指摘して訂正を求めているわけではないという伝え方をしなければならない。ワーカーの意図としては、正確な情報収集のための「指摘」という側面と、クライエントのこの「言い間違い」の背景には何か複雑な事情があるのではないかという読みに基づく「指摘」という側面がある。ポイント事例では、ワーカーによる「矛盾の指摘」の結果、夫の前妻との間にできた子どもの存在が明らかになっている。

ポイント事例

C：最近、夕方からパチンコ三昧ですわ。財布が空っぽになっても、煩わしいことを考えずに、玉の動きを見つめているときが最高に幸せなんですわ。
W：お子さんの給食費の支払いにお困りになっておられても、パチンコには毎日行かれているのですね。

言動の矛盾を指摘する

ポイント事例では、この場面の以前にクライエントが子どもの給食費の支払いも困るほどの経済状態であることを話したのであろう。そのこととパチンコ三昧によって散財していることを「対決」させている。この言動の矛盾を指摘することによって、クライエントの話した2つの内容を対峙させ、その現実に目を向けようとしている。

当然ながら、パチンコをするクライエントをワーカーが叱責したり非難しているようには受けとられないようにしなければならない。社会的な規

範やワーカーの価値観にクライエントが表面的に合わせただけの会話が進行することを避ける必要がある。

> **ポイント事例**
> C：彼女に対する気持ちは……、そうですねえ、「憎い」という気持ちが一番ぴったりくるという感じですね。
> W：「憎い」というお気持ちなんですね。そうですか、<u>前回おうかがいしたときは、確か「絶対離したくない愛情」と表現されましたよね。</u>
> C：ええ、そうでした……。う～ん、でもどちらも偽らざる気持ちというのが正直なところなんです。

異なる感情があることを指摘する

　クライエントが人や状況に対して抱く感情は、きわめて微妙で複雑である。ポイント事例の下線部では、クライエントが「彼女」に対して抱く「憎い」と「愛情」というアンビバレントな感情を「対決」させている。ワーカーは、当然ながらどちらが本当かを迫るのではなく、両方の気持ちがあることを受けとめ、そこを起点に解決に向けた取り組みをしていくことになる。

　なお、アンビバレントな感情への対応については、〔21 アンビバレントな感情を取り扱う〕においてとりあげている。

Note

　「矛盾の指摘」は、「対決の構図」に持ち込むことであるから、ワーカーにとってみれば勇気のいる働きかけとなる。しかしながら、信頼関係に裏打ちされた援助関係を背景にしながらタイミングよく活用することで、問題解決に向けて一気に状況を動かしたり、硬直した状態を打開する起爆剤となる。また、クライエントの長所や強みに着目し、そこに光を当てることのできる可能性をもつ技法でもある。

13 解釈する

クライエントの発言内容を解釈したり意味づけることで、クライエントの問題に対する認識を解決に向けて深める。

Theory

　相談面接とは、クライエント自身が自分の問題や取り巻く状況について気づきを深めていく過程である。この「解釈する」は、そうしたクライエントの気づきをワーカーによる解釈や意味づけによって後押ししようとする面接技法である。

　「解釈」の内容は、ある特定の現象（多くの場合は、問題状況もしくは問題状況に関連する内容）の発生メカニズムについての「解釈」である。したがって、基本的には現状の問題を「原因－結果」の構図でとらえ、クライエントにそれを伝えることになる。当然のことながら、適切な解釈のためには、ワーカーに事例のメカニズムを正確にとらえる専門的な知識が求められることはいうまでもない。

　しかしながら、対人援助においては、あくまでもクライエントによる気づきや発見を支援するための技法として用いることが肝要である。ワーカーによる解釈がたとえ正しいものであったとしても、指摘されたクライエント本人がそのことの理解や意味づけができず、また問題解決に向けて方向づけされた気づきがなければ無意味となる。したがって、この技法を用いる際には、ワーカーの一方的な解釈の押しつけにならないように、内容とそのタイミングについての適切な判断が求められる。

　また「解釈する」ことが目的ではなく、そこから問題解決に向けた効果的な展開をうながすことに本来の目的があることを十分に認識しておく必要がある。ワーカーが主導権を握りたいがための「解釈」であったり、自分の知識のひけらかしのためであっては、対人援助という軌道を大きく逸脱してしまうことになる。

Guide to Practice

> **ポイント事例**
>
> C：最近、仕事でミスが多いんです。それで上司から怒られることが多くて……。上司との関係もズタズタですわ、もう。
>
> W：あらあら……。そのミスというのは、どのようなミスでしょうか。いくつか具体例をあげてもらえますか？
>
> C：そうですねえ、いろいろあるんですが、会議の時間を間違える、地下鉄で寝過ごして遅刻する、お客さんとの約束をすっぽかすといったことが最近ありました。う〜ん……、こうしてみると、いずれも基本的なミスですよねえ。とにかく、ずっと眠い感じがして集中できないんですよね。
>
> W：そうですか。眠たくて物事に集中できない感じをおもちなのですね。そういえば、以前、奥さんとのいさかいが絶えず、口論が深夜にまでおよぶことがあるとおっしゃっていましたが、今はどうですか？
>
> C：今でも同じです。いや、もっとひどくなっていると言ったほうがいいのかも……。連日、2時、3時は当たり前という感じです。そのあともイライラして眠れないし。
>
> W：<u>おうかがいした限りでは、奥さんとの連夜の口論、睡眠時間の不足、仕事での単純ミス、職場での人間関係の悪化、というのはすべて連続した関係をもっているように思えるのですが、いかがでしょう。</u>
>
> C：ということは、これは悪循環なんだな……。やっぱりそうですよねえ……。

「解釈」によって問題への洞察を深める

　ポイント事例では、ワーカーの下線部の応答において、口論、睡眠不

足、仕事でのミス、人間関係の悪化という４つの事象は相互に関係しているという「解釈」を提示している。実際にはクライエントが気づきかけていたことを後押ししたといえよう。ワーカーはこの「解釈」が決めつけにならないように、「おうかがいした限りでは」「思える」「いかがでしょう」といった表現を用いている。

　この技法の目的は、ワーカーによる「解釈」によってクライエント自身が自分の問題への洞察を深めることにある。ポイント事例では、下線部に至るまでに、ミスの中身の明確化、眠いという事実の引き出し、夫婦のいさかいについて取り扱うことで「気づき」への流れをつくっている。その結果、下線部を受けて、クライエント自身から「悪循環」という言葉を引き出すことになっている。

Note

　「解釈」は、「ワーカーの考える正しい問題の見方」をクライエントに押しつけることではない。しかしながら往々にしてそうなりがちなのは、「専門家」としてワーカーがクライエントの問題を解決してあげないと、というパターナリズムの構図に知らず知らずのうちに陥ってしまっていることが多いからである。問題解決の主体は、あくまでクライエント本人でなければならない。

14 話題を修正する

取り扱う話題を適切に修正して、問題解決への軌道に乗せる。

Theory

　相談援助とは、問題解決という特定の目的をもった構造的な過程である。それは、一定の限られた機会と時間の枠のなかでの取り組みであり、ワーカーとクライエントとのやりとりも目的の達成に向けて具体的に焦点づけされなければならない。

　この「話題を修正する」は、取り扱う話題を適切に修正して、問題解決への軌道に乗せるための面接技法である。話題が流れるままに流されるのではなく、ワーカーは適切に働きかけて取り扱うべき内容に焦点を向ける必要がある。

　しかしながら、取り扱う話題を機械的に修正したらよいというわけではなく、慎重に行う必要がある。まず重要な点は、クライエントがだらだらと余談を続けたり、話がなかなか本筋に戻らない背景には、クライエントが無意識のうちに自分の問題に目を向けることに抵抗している場合があることである。ワーカーはその抵抗を理解したうえで、話題を取り扱う必要がある。また、話題が本筋からそれているようにみえても、クライエントにとってみればワーカーに伝えたい内容を含んでいる場合もあることにも留意しなければならない。

　さらに重要な視点として、クライエント自身も早く本題に戻りたいと感じているにもかかわらず、戻るきっかけがないために意味のない会話がズルズルと進行してしまう場合もある。こうした場合には、ワーカーから戻る機会を提供することで、スムーズに面接が展開していくことになる。

　「話題を修正する」の具体的な方法としては、①話題を変える（焦点を当てるべき別の話題に移行する）、②元の話題に戻す（以前取り扱った元

の筋に戻す)、③話題を絞る(焦点がまったくずれているわけではないものの、そこからもう少し焦点を絞る)、に整理できる。

Guide to Practice

> **ポイント事例**
> C：今年の阪神タイガースは強いですよね。いつものように春先だけかと思ってましたら、今年は違うかもと思うようになりましたよ。
> W：昨日も横綱相撲という感じでいい勝ち方でしたよね。
> C：ほんとほんと、ほんとそうでしたよ。
> W：今年は野球観戦の楽しみが増えましたね。
> C：はい、とっても。
> W：さて、本題に戻りましょうか(笑)。
> C：そうでした、そうでした。すいません(笑)。

話題を本題に戻す

　話題が本題からそれたら即刻戻すというのではなく、そのタイミングを見計らう必要がある。ポイント事例の冒頭のように、クライエントが時事的な話題を持ち出してくるような場合もあるが、それは本題への助走期間ともいえる。したがって適切に取り扱いながら、話題を修正する必要がある。

　そのための方法として、ポイント事例では「阪神タイガース」の話題に応じながらも、それ以上深入りせず、「今年は野球観戦の楽しみが増えましたね」という言葉で話題を収束するかたちにもっていっている。ワーカーのほうから話題を戻すタイミングをつくっていることを看過してはならない。

Note

　この面接技法は、話題を本題に移行したり、戻したりするところに焦点が当てられたものである。相談面接における「話題の取り扱い」という面では、その他に「話題を分割する」「優先順位をつける」「筋道を示す」ことも重要な技法といえる。

PART Ⅱ

感情に接近する技法

　ここでは、クライエントの感情に接近するための7つの面接技法をとりあげる。相談面接における感情の取り扱いはきわめて大きな意味をもつ。なぜなら、クライエントとの援助関係を構築し、クライエント自身が問題を解決していけるように援助するためには、クライエントが抱く感情をワーカーがまず適切に受けとめ、また適切に対処することが不可欠となるからである。

　ここでとりあげる技法は、「共感の技法」や「感情の反射」として分類される面接技法の集合である。これらの基本は、クライエントの感情を正確に感知し、それを言葉や態度で的確にクライエントに返していくことである。

　以下、クライエントの感情に接近するための面接技法として、7つの専門技術をとりあげる。

15　感情表出をうながす
16　感情を表情で返す
17　感情表現を繰り返す
18　感情表現を言い換える
19　現在の感情を言葉で返す
20　過去の感情を言葉で返す
21　アンビバレントな感情を取り扱う

15 感情表出をうながす

クライエントの感情の表出を適切にうながし、問題解決への取り組みにつなげる。

Theory

　人間は感情をもつ生き物である。あらゆる場面で多様かつ複雑な感情を常に抱きながら日常生活を営んでいる。クライエントが抱くそうした感情や情緒へのアプローチは、対人援助における相談面接場面においても非常に重要なテーマとなる。

　この「感情表出をうながす」は、面接過程において、クライエントの感情の表出を問題や面接の状況に応じて適切にうながすという面接技法である。当然ながら、その表出された感情についてはその後の過程で適切に取り扱われる必要がある。

　ケースワークの7つの原則で知られるバイステックは、「クライエントの感情表現を大切にする（意図的な感情の表出）」ことをその原則のひとつとしてあげている。これに関して彼は、クライエントが否定的感情を自由に表現したいというニーズをもっていると認識したうえで、「ケースワーカーは、彼らの感情表現を妨げたり、非難するのではなく、彼らの感情表現に援助という目的をもって耳を傾ける必要がある。そして、援助を進める上で有効であると判断するときには、彼らの感情表出を積極的に刺激したり、表現を励ますことが必要である」[*1]と指摘している。つまり、クライエントに感情表現をさせること自体が目的ではなく、それが「援助という目的」に沿ったものでなければならないということである。

　日常生活においても、たとえばむしゃくしゃしたときに自分の気持ちを人に話せばすっきりした気持ちになることがあることは、多くの人が経験している。しかしながら、相談面接における感情の取り扱いとは、そうした気持ちを出させてすっきりさせることではなく、専門的な技術をもって

その感情を問題解決に向けて活用することである。自分の感情に気づき、表出し、それをワーカーに受けとめられるという過程は、問題解決に向けたステップとなる。何らかの感情を生み出す源泉は、何らかの「事実」に間違いなくつながっている。感情は、接近すべき「問題状況」への「ルート」なのである。

さらに、対人援助においてクライエントを理解する際には、本人の側から理解することが求められる。それは、クライエント本人と本人を取り巻く状況についての客観的理解だけではなく、本人の感情を含めた「本人のいるところ」から理解をすすめることである。その意味でもクライエント本人による感情の表出はきわめて重要な情報となる。

クライエントの感情はさまざまなかたちで表出される。実際、言葉よりも表情や態度で表現されることが多く、またそこに大切なメッセージが含まれていることも少なくない。面接はコミュニケーションのひとつの形態であるから、ワーカーがそうした非言語によるさまざまなかたちで表出される感情のメッセージを敏感にキャッチし、受けとめることは面接過程における重要な要素となる。また、ワーカーとクライエントとの感情のコミュニケーションという意味では、ワーカーの側からクライエントに向けられた感情表出も重要な要素として意識しなければならない。

感情を人に吐露するという行為は、日頃から日常的に関係があり安心できる人物に対してなされる。援助関係においても、感情表出の前提として信頼関係に裏打ちされた援助関係が必要となることはいうまでもない。

表出する感情は、その時制によって過去（当時）の感情と現在（最近ないしは面接場面）の感情に大別することができる。もちろん、現在の感情は過去からの感情を引きずっていることも多い。

相談面接においては感情表出をうながすだけでなく、その表出された感情をどのように取り扱うかが重要となる。その応答の技法については後続の各技法（**16**〜**21**）でとりあげている。

Guide to Practice

> **ポイント事例**
>
> C：やっぱり、そういうこと……、なんですよね。
> W：そういうこと？
> C：いや、ここで話しているうちに、わかったんです……。私、娘のことをまったくわかってやれてなかったんだと。
> W：<u>そのことに気づかれたということなのですね。</u>
> C：ええ。確かにショックではありますけど、不思議とすっきりした気持ちもします。娘から逃げようとしていた自分にどこかで気づいていたのかもしれません。

現在の感情の表出をうながす

　相談面接場面における「現在の感情」とは、日常の生活で生起した感情をそのまま面接場面に持ち込んでいる場合と、ワーカーとの面接のなかで気づきを得て、それにともなって感情が出てくる場合がある。

　ポイント事例は、その後者である。まずワーカーが「そういうこと？」と問いかけることで、「娘のことをまったくわかってやれてなかった」という発言を引き出している。さらにそれを受けて、下線部の「そのことに気づかれたということなのですね」という確認作業が、その直後のクライエントの感情の表出をもたらしている。

　感情の表出をうながすための技法としては、「お気持ちを聞かせてください」といったようなダイレクトなものだけでなく、ポイント事例にあるように、クライエントによる言語化を展開していくという流れのなかで表出をうながすという視点も大切となる。

> **ポイント事例**
>
> C：先日、義理の母から強く言われたんです。「あの子に落ち着きが

> ないのは、あなたの育て方のせいだ」と。
> W：よければ、それを言われたときの○○さん（クライエント）のお気持ちを聞かせてください。
> C：唐突だったこともあったせいか、言われた直後はその意味が飲み込めなかったのですが、すぐにカーッときましたね。言い返す言葉もすぐには見つかりませんでした。

過去（当時）の感情の表出をうながす

　ポイント事例の下線部では、ワーカーは過去のある時点での感情に焦点を当て、それをクライエントが表出できるように、「よければ、それを言われたときの○○さんのお気持ちを聞かせてください」とうながしている。問題解決に向けた取り組みにおいて、面接時点での感情ではなく過去の特定場面での感情に焦点を当てて取り扱うことが有効となる場合がある。当然ながら、ワーカーはその必要のある場面をきっちりと見極めることが求められる。

　クライエントの感情に対する共感的対応は基本となるものであるが、この面接技法はクライエント自身が自分の感情を自分の言葉で表現できる機会を提供するためのものといえよう。ポイント事例では、共感的対応という面では、次に「カーッ」という表現に焦点を当てることになる。

Note

　クライエントの感情を取り扱う場合、「感情転移」についての知識をもっておく必要がある。これはフロイトの精神分析に基づく概念であるが、クライエントが幼少期に情緒的に重要な影響を受けた人物（おもに母親等）に抱いていた感情を面接（援助）場面に持ち出してくることである。その感情の種類によって、「正の転移」と「負の転移」に大別できる。ワーカーは、クライエントの感情の理解にあたっては、この観点からの理解も必要となる。

---

*1 F・P・バイステック著／尾崎新・福田俊子・原田和幸訳『ケースワークの原則〔新訳改訂版〕―援助関係を形成する技法―』誠信書房,2006年,54-55頁。

16 感情を表情で返す

クライエントが表出した感情に対して、ワーカーが「表情」を用いて共感的に応答する。

Theory

　この面接技法は、クライエントが表出した感情に対してワーカーが「表情」を用いて共感的に応答するという技法である。いうまでもなく「表情」は日常的なノンバーバルコミュニケーションの重要な一形態であり、また共感的態度を形成する基本要素であるが、それを面接技法として活用するものである。

　面接において共感的にクライエントに対応する場合、当然のことながら言葉だけでなく表情や態度も同時に重ねて活用することで効果的になる。場合によっては、表情は言葉以上に重要なメッセージとしてクライエントに伝わる場合もあるだろう。

　この技法は、「表情」を主たる道具としてクライエントの感情に対して共感的に応答するという面接技法である。その活用方法（場面）は2つに分けることができる。

　そのひとつは、表情を「模倣」する技法である。クライエントが表情による感情の表出をした場合、ワーカーがその表情を模倣することによって応答するものである。笑顔には笑顔で、泣き顔には泣き顔で、怒り顔には怒り顔で応じることで、「あなたの今の気持ちをしっかりと理解していますよ」というメッセージを伝えることができる。これを自然なかたちで適切に用いるだけでも、クライエントが安心して話ができる雰囲気をつくり出すことができ、それはまた信頼関係を構築するための基礎的な作業ともなる。さらに、より専門的に用いるためには、クライエントの感情表出の場面や内容によって、ワーカーの表情の出し方や感情表出の強弱を変えるなど意図的な工夫も可能である。

もうひとつの活用方法は、本来であれば感情の表出を伴うような内容であるにもかかわらず、クライエントが無表情であったり声に抑揚がないなど、感情表出が伴わないかたちで発言があった場面での活用である。抑制された感情をワーカーが感知し、その感情をワーカーが表情で応答することである。これは、いわば「表情の先取り」といえる技法である。日常生活においても、ありのままの感情を表に出して話すことは少ないだろう。ましてや個人的な悩みや問題を他人に話すとなればなおさらのことである。この「表情の先取り」によって、理解してもらえているという安心感を与え、クライエントの感情表出をうながすことができる。しかしながら、クライエントの感情が表に出ない内的な力動や理由は複雑であることも多いし、その感情もアンビバレントな要素をもつことも多い。そのあたりを慎重に見極めながら「表情の先取り」を用いる必要がある。

　感情と表情は密接に関係している。クライエントからのメッセージを受けとる際にも、またクライエントにメッセージを送る際にも重要なコミュニケーションの要素であることを意識しておくことが大切である。

Guide to Practice

> **ポイント事例**
>
> C：(堅い表情のまま) これまで長く介護してきましたけど、あんなこと初めてだったんです。義理の母が、「いつもいつもごめんね」とぽつっと言ってくれたんです。
>
> W：(笑顔で深くうなずく)
>
> C：(照れくさそうに) そこで思わずこみあげてくるものがありました。でも、その私を母は見て見ぬ振りでしたけどね(笑)。相変わらずではあるんですけど(笑)。

「表情の先取り」によって感情表出をうながす

　ポイント事例の下線部では、堅い表情のまま発言するクライエントに対して、笑顔で深くうなずくという応答によって、次のクライエントの発言において感情の表出を導き出している。

　この応答を有意義に活用するためには、このやりとりの前からクライエントの側に立って感情の流れをつかんでおくことが求められる。

Note

　「表情」は援助者にとって重要な武器である。より有効に活用するためには、自分の表情の個性や特徴を知って、それを実践で意図的に使いこなせるようにすることが求められる。鏡に自分の喜怒哀楽の表情を映してみて、まず自分の表情の特徴を自覚することも有効である。自分で思っている以上に表情が豊かでないことに気づくだろう。

　また、特に何かあったわけではないのに、人から「機嫌悪いの？」とか「何かいいことあったの？」と言われることがあるなど、自分の通常の表情が人に与える印象について知っておくことも大切である。

17 感情表現を繰り返す

クライエントの感情表現を言葉で繰り返し、共感的に応答する。

Theory

　この「感情表現を繰り返す」は、クライエントの言葉による感情表現をワーカーが言葉で繰り返して応答するという面接技法である。この技法の基本形は〔7 繰り返す〕であるが、これはその「感情版」といえる。クライエントが自分の感情を言葉で表現したときに、ワーカーがその言葉を用いて相手に返すことで共感的に対応することを意図する。感情の取り扱いは援助関係を形成するうえできわめて重要となるが、とりわけクライエント本人が自分の言葉で自分の感情や気持ちを表現したときには、慎重かつ適切に対応することが求められる。

　この技法の活用にあたっては、いくつかのポイントがある。まずひとつは、内容ではなく感情に焦点を当てることである。つまり感情を生み出す原因ではなく、その結果として生じた感情を先に取り扱うということである。ワーカーは問題解決を求めるあまり、その原因に目を奪われがちになる。先に感情を適切に受けとめることで、その原因となる内容（事実）に目を向けることができる。感情は、事実につながっているからである。

　もうひとつのポイントは、「あなた（クライエント）が～という感情をもっていることを、私（ワーカー）は理解し、受けとめました」というメッセージを的確に伝えることである。決して、「私もあなたと同じ気持ちです」とか「あなたがそのような気持ちをもたれることはもっともなことだと思います」といったようなワーカー自身の感情や感想、評価を伝えることではない。クライエントへの伝わり方としてこの点が曖昧になると、共感の原則から外れることになる。

　それに加えて、これも「共感の技法」のひとつであるから、その応答の

言葉にワーカーによる共感の感情を十分に乗せる必要がある。上っ面だけの機械的な繰り返しでは用をなさないばかりでなく、不信感につながることもある。また、〔7 繰り返す〕と共通するが、語尾は「か」ではなく「ね」で終えることもこの技法のポイントである。

Guide to Practice

> **ポイント事例**
> W：朝、大学へ行こうと準備して出られるんですよね。
> C：ええ、とりあえず間に合うように家は出るんですよ、毎日。母の目もありますから。でも、どうも教室まで行く気がしなくて。それで、公園や喫茶店で時間をつぶしてることが多いです。昨日は、パチンコで電車賃までなくなってしまい、母に迎えにきてもらいました。夜、父には「出て行け！」と怒鳴られました。当然ですよね。もう、こんな自分が情けなくて……（涙をうかべる）、つらいんです、ほんと。
> W：ご自身のことが情けなく、つらいお気持ちでいっぱいなんですね。

本人の感情表現に焦点を当て、その言葉を繰り返して応答する

ポイント事例では、下線部においてクライエントが話した大学へ行けないということをめぐる事象ではなく、「情けない」「つらい」と発した言葉に焦点を当てている。ワーカーは、「情けなく思うようなことではないですよ」とか「自信をなくすことは誰にでもあることですよ」といった発言をすべきではないし、パチンコを非難すべきでもない。また、この時点で父親とのやりとりの内容に焦点を当てる必要もない。

クライエントが言葉にするという作業をとおして、自分の課題をめぐる気づきのプロセスを歩むというのが相談面接の過程である。「情けなく、つらいお気持ちでいっぱい」という感情をワーカーに理解され、受けとめ

られたクライエントは、気づきのプロセスを歩んでいくための出発点に立つことができる。

Note

クライエント自身が、自分の感情を言葉で的確に表現することは容易ではない。混乱状況にあるクライエントであればなおさらである。自分のことを自分で表現することは相談面接の重要な要素であるが、この技法を用いるためには、ワーカーとの信頼関係がベースとなる。

18 感情表現を言い換える

クライエントが表出した感情表現を、別の言葉で言い換えて返す。

Theory

「言い換え」は、面接技法の重要な方法である。この技法の基本的な用法については、〔8 言い換える（関心）〕、〔9 言い換える（展開）〕、〔10 言い換える（気づき）〕の３つに整理するかたちで明示している。ここでの「言い換え」は、クライエントが表出した感情表現を別の言葉で言い換えて応答する技法である。クライエントの表現をそのまま用いて返す技法である〔17 感情表現を繰り返す〕よりも柔軟性に富み、活用の範囲も広い。

用途が広いこの技法であるが、次の２つの重要な目的を含んでいる。第１には、クライエントへの共感性を高めることである。クライエントが示した感情表現よりも的確な表現を用いることで、もう一歩深い共感をもたらすことができる。このことによって、ワーカーとの援助関係をさらに深めることができるし、またこの働きかけがさらなる本人発言を引き出す突破口になることも多い。

第２には、クライエントの自己洞察を深めることである。クライエントの感情表現を助けつつ、ワーカーが感情表現を言い換えることで、クライエント自身が自分の抱く感情に気づくことができる。クライエントが自分のもつ感情を明確化でき、それをワーカーが受けとめることができたとき、その感情だけでなく原因となる問題や事実を初めて直視できるようになる。

感情表現の「言い換え」は、言葉の選択に大きなウエイトがかかっている。クライエントの言語表現を最大限尊重しながら、より適切な表現で返すことが求められるからである。もしクライエントが、自分の発言が否定あるいは訂正されたと感じることがあってはならない。したがって、クラ

イエント本人がいる文脈のなかから本人の感情に接近することが不可欠となる。

Guide to Practice

> **ポイント事例**
>
> C：予想だにしなかったことに巻き込まれ、そのうえにっちもさっちもいかなくなっちゃって。私、もう、わーっと大声で叫びたいです。
> W：突然の出来事だったこともあって、やるせないお気持ちなんですね……。
> C：ええ、そうなんです。ほんと、そうなんです。この状況じゃ、この憤りをぶつけるところがないんです。でも、どうしようもないことではあるとも思ったり……。

感情表現の言い換えによって共感性を高める

　ポイント事例では、「わーっと大声で叫びたいです」というクライエントの漠然とした感情表現を、下線部のように「やるせないお気持ちなんですね」と言い換えている。「やるせない」（心のやりどころがない。つらい思いを晴らす手段がない）という共感性の高い言葉がクライエントを刺激し、次の「憤り」と「どうしようもない」という内面の葛藤を示す言葉を引き出すことに成功している。

> **ポイント事例**
>
> C：これだけ毎日介護に追われるとね、残りの人生を考えたら、このままでいいのかという気持ちになりますね。
> W：それはきっと焦燥感ともいえるお気持ちでいらっしゃるんですね。
> C：焦燥感ねえ……。なるほど確かにそうかもしれません……。私、

18　感情表現を言い換える

> 何か焦っていて……、そしてずっとイライラしてるんでしょうね、きっと。介護しているときもお母さんに対してそうなのかもしれないです。

感情表現の言い換えによってクライエントの自己洞察を深める

　ポイント事例では、クライエントの「このままでいいのかという気持ち」を言い換えるかたちで、下線部の「きっと焦燥感ともいえるお気持ち」と応答している。そのことがクライエントに自己洞察の機会を与えることになっている。その結果、「このままでいいのかという気持ち」に「イライラ」がともなっていることに自分で気づくという展開になっている。

Note

　相談面接においては、ワーカーが語彙を豊富にもつことは必須である。とりわけ、「感情」を表す用語の種類と活用に幅をもたせることは面接自体に奥行きをもたらすことになる。
　感情を示す用語として「つらい」「さみしい」「悲しい」「うれしい」「こわい」「いたたまれない」といったような感情をズバリと示す用語がある。たとえば、これらの感情用語をリスト化しておくなどの工夫によって、柔軟かつ瞬時に活用できるようにすることも大切だろう。
　実際の面接場面では、このような直接的な感情用語だけで言い表すことができるほど単純ではない。そのため、「〜というお気持ちなんですね」という表現を用いることで格段にバリエーションが広がる。たとえば、「今にも逃げ出したいというお気持ちなんですね」「もうやってられないというお気持ちなんですね」「トンネルの先がふさがれた感じなのですね」といったような表現である。

19 現在の感情を言葉で返す

クライエントがもつ現在の感情を、言葉で共感的に返す。

Theory

　この面接技法は、クライエントがもつ現在の感情を言葉で共感的に返すという技法で、「感情の反映」のひとつとして分類される。〔17 感情表現を繰り返す〕と〔18 感情表現を言い換える〕は、クライエントの言葉による感情表現に対して言葉で応答する技法であるのに対して、これはクライエントが自分の感情、心情、気持ちを言葉で直接表していない状況であっても、クライエントの態度と言葉から現在の感情を察知し、その感情をワーカーが言葉で投げかけるという典型的な共感の技法である。また、援助関係の形成のためにも重要な面接技法といえる。

　この技法を有効に活用するためには、3つの「見極め」が必要となる。第1にはクライエントの感情の「見極め」である。この技法の場合、クライエントの態度・表情や会話の内容・展開のなかからクライエントの感情を正確にキャッチする力がワーカーに求められる。これができなければこの技法は使えないし、また感情を誤って受けとってしまえば援助関係の破綻を招くことになる。通常、問題を抱えたクライエントの感情はきわめて複雑である。この技法の活用には、そうしたリスクがあることを十分認識しておく必要がある。この「見極め」のためには、面接過程のなかで「本人の〈ストーリー〉への接近」を常に意識しておくことが大切である。これは、〔18 感情表現を言い換える〕でもふれたように、クライエント本人の文脈のなかから本人の感情に接近するために必要となる実践概念であり、「本人のこれまでの人生、人生観、生き方、生き様、価値観、今の生活世界、感情等に近づくこと」[*1] である。これは、「波長合わせ」とも深く関係する概念である。

PART Ⅱ 相談面接技法

第2の「見極め」は、クライエントに投げかける言葉の選択である。クライエントの今の感情にふさわしい言葉を適切に選択しなければならない。ワーカーの語彙が少なければ、当然その感情とぴったりとくる確率は低くなる。また、〔18 感情表現を言い換える〕のNoteでとりあげたように、「つらい」「悲しい」といった単純な感情用語の乱発では会話が上滑りになったり、しらけてしまうことにも留意しなければならない。さらに、こうした用語を単独で用いる場合、クライエントの感情を表すものとしてはずれてはいないものの、あまりにも大雑把すぎるものにもなりかねない。深刻な問題をもつクライエントが「つらいですね」とだけ言われても、クライエントの反応は鈍いものとなろう。

　第3には、タイミングの「見極め」である。この技法は、クライエントの感情表現に即応するものではないので、この技法による言葉かけのタイミングはワーカーの判断による部分も多い。会話の流れとクライエントの感情の動きに波長を合わせながら、働きかけのチャンスを見極めることになる。通常、そうしたチャンスは何度もないので、それを逃さず投げかけることが大切である。同じ言葉であっても、そのタイミングの違いで反応は異なり、当然もたらされる効果も異なるものとなる。

Guide to Practice

ポイント事例

C：私、夫のことをずっと信頼してきましたし、実際とてもやさしい人でした。でも、最近ちょっと不審に思うことがあって……、こっそり夫の携帯メールを見たんです。そしたら……。

W：そしたら？

C：ラブメールがいっぱいで……。私の知らない女の名前でした。まさか、という感じでした。

W：それはとても驚かれたことでしょう……。①

> C：ええ、ほんとに……。……それで、今朝、別のことで言い合いになったんです。私、カッとしてしまって、思わずそのメールの女の名前を出したんです。そしたら、夫はその場で私を思い切り平手打ちにしたんです。もう、私……（絶句）。
> W：<u>裏切られたというお気持ちでいっぱいなんですね。</u>②
> C：(嗚咽し、何度も深くうなずく)

クライエントの現在の感情を言葉にして返す

　ポイント事例では、クライエントの感情を言葉で返すという技法を2か所で用いている。下線部①は、〔20 過去の感情を言葉で返す〕の技法であり、携帯メールを確認した当時の「とても驚いた」という感情にアプローチしている。下線部②は、クライエントの現在の感情へのアプローチとして、ワーカーがそれまでの文脈のなかでクライエントの思いを見極め、「裏切られたというお気持ちでいっぱいなんですね」という言葉を、クライエントの「もう、私……」の発言を受けるタイミングで投げかけている。

　なお、ポイント事例におけるワーカー発言の「そしたら？」は、〔7 繰り返す〕の技法の活用のひとつである。この繰り返しによって、次の発言を引き出している。

Note

　ここでの面接技法としては、言葉による共感的応答をとりあげたが、生活場面面接ではスキンシップを含めた非言語の行為によってより効果的に共感性を示すことができる場合がある。

---

*1 岩間伸之『援助を深める事例研究の方法―対人援助のためのケースカンファレンス―（第2版）』ミネルヴァ書房,2005年,18頁。

20 過去の感情を言葉で返す

クライエントの過去の感情に焦点を当て、言葉で共感的に返す。

Theory

　相談面接の場面では、過去にあった出来事を取り扱うことがよくある。この技法は、そこで生じていたクライエントの当時の感情に対して言葉で共感的に応答するという技法である。当然、その用法は〔**19** 現在の感情を言葉で返す〕に準じることになるが、過去の時制にさかのぼって事象をとりあげ、そこでの感情に焦点を当てる点に特徴がある。

　実際には、クライエントのもつ現在の感情と過去の感情は未分化であることも多いが、ワーカーはある特定の過去の感情の変化に波長を合わせながらアプローチすることになる。面接場面ではすでに落ち着きを取り戻しているものの、その当時はクライエントの激しい感情の発露があったということも多い。

　ワーカーがこの技法を用いる場合は、おおむね次の２つの場合である。ひとつは、現在の感情を受けとめるにあたって当時（過去）の感情からさかのぼって受けとめる必要がある場合である。過去からのつながりや経緯があって現在があるわけであるから、その時間の幅のなかで共感的に対応すべき事象も多い。もうひとつは、ワーカーがある特定の当時（過去）の場面について詳しく聞きたいとき、まずはその事象にかかわる当時の感情に対して共感的に対応することからはじめる必要がある場合である。当時の感情を無視して事象の内容だけを聞き出すことはできない。

　しかしながら、クライエントは今、ここに生きる存在であることを重視しなければならない。つまり、必要以上に過去の感情を取り扱うのではなく、今を直視するための方法としてこの面接技法を位置づける必要がある。特定の事象に対する過去の感情は、必ず今の感情に影響を与えてい

る。ゆえに、過去の感情の明確化は、今の感情の明確化につながる。さらに、その明確化は、今の自分の問題の構造や原因を明確化することにつながるはずである。

　問題解決とは、これからの取り組みのことである。この技法は、今後の取り組みのために活用されなければならない。

Guide to Practice

> **ポイント事例**
>
> C：もう5歳になるのに、おむつが外れなくて……。同年代のお友だちで、まだおむつをしている子なんていないんです。
> W：おむつのことで焦っておられるんですね。
> C：ええ、とても……。だから何度も子どもに言い聞かせ、おむつを外して寝かせると、必ずおねしょ。そのときはなんというか、もう我を失うという感じで……、手を出してしまうんです。一度手を出すともう止まらないんです。何度も何度も……（激しく泣く）。
> W：（ゆっくりとうなずきながら、クライエントの次の発言を待つ）
> C：それでも、あの子、ママって寄ってくるんです。もう、あの子にごめんなさいって……。ふだんはとてもかわいいと思うんです。ほんとにそう思うんです。
> W：手を出されたあと、<u>後悔の気持ちでいっぱいなんですね。</u>
> C：はい、そのときはいつもそうなんです。

当時のクライエントの感情に焦点を当て、それを言葉で返す

　ポイント事例では、ワーカーは共感的に対応し、クライエントの発言を支えつつ、「手を出す場面」に焦点を当てようとしている。ワーカーは「手を出す場面」の具体的な状況について質問したりすることなく、当時のその場面で生じていたクライエントの感情にまずアプローチしようとし

ている。また、下線部において「後悔の気持ちでいっぱいなんですね」と応答しているが、それを「手を出されたあと」の後に続けている。つまり、今のことではなく「当時のこと」という時制を明確にしようとしている。

　手を出した直後の感情とそのとき以外の感情のコントラストを面接場面において明確化することによって、問題解決に向けた次のステップを踏み出すことができる。

Note

　ワーカーは、クライエントの過去の感情をやみくもにほじくり返し、そのことに単に共感的に対応するということを戒めなければならない。クライエントにとって、過去にあった非常につらかったことについて「つらかったでしょう」と言われるだけでは問題解決にはつながらない。ワーカー側に何らかの意図や目的、あるいは共感的対応のあとに続く専門的な展開がなければならないことを肝に銘じておくべきである。

21 アンビバレントな感情を取り扱う

アンビバレントな感情を問題解決に向けて適切に取り扱う。

Theory

　この技法は、クライエントのアンビバレントな感情を問題解決に向けて適切に取り扱うという技法である。アンビバレントとは「好き/嫌い」「行きたい/行きたくない」といった相反する感情を同時にもつことのことで、人間誰もがもつ心理的力動である。人間の感情とは元来複雑なものであるが、そこには多様な感情が複合的に混ざっている。アンビバレントとは、その複雑な感情のなかに対峙する2つの感情を同時に含んでいることを意味する。

　実際、援助を必要としているクライエントは、強いアンビバレント状態にあることが多い。「助けてほしいけど、助けてほしくない」という援助を受けることに関わることから、「離婚したいけど、したくない」「子どもはかわいいけど、かわいくない」といった個別のクライエントが抱える問題に関わることまで、あらゆる場面においてアンビバレントな感情が存在している。ワーカーはまずこのことを理解しておくことが大切である。クライエントの感情表現の裏には、程度の差こそあれ、またクライエントが意識化しているかどうかにかかわらず、もうひとつの反対の感情が存在している。ただし、基本的な理解として、そのどちらかが嘘ということではなく、そのどちらもがクライエントの真の感情であるという認識をもつことが大切である。

　相談面接では、アンビバレントな感情の取り扱いが問題解決への重要なポイントとなることが多い。ワーカーは、クライエントのアンビバレントな心理状態を理解すること、そして必要に応じて表に出ていないもうひとつの裏の感情に焦点を当てることが重要となる。その裏の感情が本音に近

いことも少なくない。

　この技法を有効に活用するための前提は、当然ながらそうしたアンビバレントな感情の存在をワーカーが感知することである。クライエントのそうした感情表現もまた複雑で個性的である。たとえば、口では「うれしい」と言いながら表情・態度からはそうは見えない、また口では「うれしい」と言い、表情もうれしそうではあるが、これまでの経過からするとそういう面ばかりではないといったような場合がある。これらの情報は、クライエントを理解するための重要な情報となる。これらの意味するところを深めながら、問題解決に向けて表には出てこない裏の感情に焦点を当てる必要性とそのタイミングを図ることが求められる。

　なお、〔12 矛盾を指摘する〕においても、「異なる感情があることを指摘する」のところでアンビバレントについてふれている。

Guide to Practice

> **ポイント事例**
>
> C：引きこもるようになってからもう8年。高校の途中からでしたから……。ようやくあの子が家を出ることになって、ほんとにうれしく思います（涙があふれ、ハンカチをあてる）。
> W：ほんと長かったですよね……。お母さん、その涙は、<u>もちろんうれし涙でもありながら、息子さんが家を出られることへのさみしさの意味でもあるようにお見受けしますが</u>、いかがですか。
> C：あら……、ワーカーさんはお見通しなのですね。実は、この2、3週間、さみしくて仕方なかったんです。それで……、息子が家から出ないように引っ張っていたのは私だったのかもと思って、少し落ち込んだり……。

クライエントの発言とは別の感情があることを指摘する

　ポイント事例では、面接場面でクライエントが流した涙の意味に「うれしさ」とは別の感情（さみしさ）があることをワーカーが下線部で指摘している。クライエントのなかでこれまでの母子関係の振り返りを含めた自己洞察が進んでいることを察知したワーカーが、アンビバレントな感情にダイレクトに切り込んでいる。このことによって、それまでの引きこもりについてワーカーと一緒に振り返る契機を提供することになっている。

Note

　ワーカー自身が自分の感情を振り返り、「アンビバレントな感情」や「複合的で複雑な感情」について洞察を深めることは、「自己覚知」にもつながることだけに、援助者としてきわめて有意義なことである。人間の感情の奥の深さと複雑さに改めて気づかされるにちがいない。

PART Ⅰ　PART Ⅱ　**PART Ⅲ**

逐語で学ぶ
相談面接技術

❶ 援助として展開するということ
❷ 来談者のいるところから始める面接とは
❸ 相談面接を援助関係づくりの端緒にする
❹ 感情へのアプローチは事実を引き出す
❺ 情報収集から本質的な援助に向けて展開する
❻ 「気づき」に歩調を合わせて洞察を深める
❼ 主訴から課題の本質にアプローチする
❽ 潜在的な真のニーズをキャッチする
❾ 「明日」を支える相談面接を考える
❿ 対人援助の価値を相談面接技術に反映する

※ここで紹介する事例は、実際の相談面接場面を逐語録として収録したものである。掲載にあたっては、特定の事例として判別できないように、概要（Case）では面接内容の理解に必要な情報のみを掲載し、また逐語録（Interview）においても、面接の主旨を損なわない範囲で改変している。

1 援助として展開するということ

今後のことを検討していくためのスタートとして位置づけられる面接場面です。
終盤に、この面接のヤマ場がやってきます。
相談面接における援助の展開とはどういうことなのか。
そのことを考えながら読んでみてください。

Case

[ワーカー]
医療ソーシャルワーカー（総合病院・社会福祉士）

[クライエントの状況]
　来談者（クライエント）は、入院中のAさん（80歳・男性）の娘。クライエントの父親であるAさんは、要介護1の妻と孫（25歳・男性）と3人暮らし。入院前はADLは自立、車の運転もしていた。要介護の妻にかわって家事などもAさんが行っていた。当院へは肺炎により入院。病状が改善し、退院を2日後に控えていたが、トイレに行く際に転倒。右大腿骨頸部を骨折する。内科から整形外科に転科し、手術をすることとなる。

[今回の面接の位置づけ]
　主治医より入院前の生活状況、介護保険のことなどを確認してほしいとの依頼があり、キーパーソンである娘に話をうかがうことになった。

Interview

午後3時：医療相談室にて

ソーシャルワーカー（以下、SW）：こんにちは、はじめまして。ソーシャルワーカーの○○と申します。よろしくお願いいたします。

娘：お願いします。

SW：今回は退院直前に骨折してしまったということで、本当に大変でしたね。

娘：そうなんです。

SW：私はソーシャルワーカーといって、この病院で患者様のさまざまな相談を受ける仕事をしているものです。今日は主治医からの依頼で、今後の治療やリハビリに役立てるために、ご自宅での生活の様子などについて、お話をうかがいたいのですが、よろしいでしょうか？

娘：はい。

SW：これから退院までの間、福祉制度の活用などの面で、お手伝いさせていただきますので、よろしくお願いいたします。

娘：よろしくお願いします。

SW：まず、Aさんのご家族は、奥様と、お孫さんと……。

娘：私の長男になるんですけど、一緒に暮らしています。

SW：3人暮らしなんですね。①

娘：はい。

SW：娘さんは近くにお住まい……。

娘：はい。

SW：Aさんは入院前はご自分のことはできていたんですか？

娘：はい。全部やっていました。車の運転もして、買い物も。

Focus

[下線①～④]では繰り返しや言い換えの技法を適切に使いながら、テンポのよい面接として展開されていますね。事実の聞き取りが必要な場合であっても、ポイントとなる要素に焦点を当てながら応答していくことが大切です。[下線①]は、単純な事実の言い換えの技法ですね。内容的には要約となっています。[下線②～④]は、いずれも繰り返

SW：していたんですね。運転して……、えっ、80歳ですよね？

娘：はい、みんなに驚かれるんですけど。

SW：すごいですね。

娘：重たいものは私が持って、自宅が2階なので、私が運んでいたんですけど。

SW：はい、ご自宅は2階なんですね。

娘：1階が会社になっていて、今は私の兄が社長で。

SW：<u>1階が会社で、お兄さんが社長ということなんですね。</u>②

娘：はい。

SW：わかりました。じゃあ、日中はお兄さんが近くにいるということなんでしょうか？

娘：いつもはいないです。外に出ていることも多いので。

SW：わかりました。あとは家事などは奥様が？

娘：家事は母親はできないんです。週3回デイケアに通っていて、認定が要介護1です。

SW：<u>奥様の認定が要介護1で……、デイケアに週3回通っているんですね。</u>③奥様はデイケアのほかには何か介護サービスを利用していますか？

娘：ほかには使っていません。

SW：お食事のこととかはどなたが？

娘：おじいちゃんがやってます。

SW：ご本人が、車を運転して、買い物も行って、お食事も作って……。Aさん、すごいですね。洗濯とか掃除は？

娘：洗濯は……やってるかな？　気が向かないとやらないですけど。今のところはおじいちゃんが入院しているので、おばあちゃんがやってるかな。でも、洗濯はやるけど、掃除はやらない。

SW：<u>掃除はやらない。</u>④じゃあ掃除はAさんの仕事？

しの技法を使っています。事実がきちんと伝わったことをクライエントが感じとることができ、安心して次の話題に進むことができます。こうした地道で正確な応答が信頼関係を形成する下地にもなります。

➡ 7 繰り返す
➡ 10 言い換える（気づき）
➡ 11 要約する
➡ 13 解釈する

娘：おじいちゃんもできないんですよ。掃除は1年前くらいからヘルパーさんに頼んでいます。

SW：それは奥様の介護保険ですか？

娘：それが「できない」って言われて。「おばあちゃんの部屋しかやりませんよ」って言われたんです。

SW：ではヘルパーさんは自費で？

娘：はい、自費でお願いしています。

SW：おばあちゃんのケアマネジャーさんはどなたですか？

娘：B事業所のCさんです。

SW：お孫さんも同居されているんですよね。

娘：今は仕事はしていないんですけど、家にいないことが多くて、買い物くらいはしています。でも、今はおじいちゃんが入院しちゃったので、病院に来るときとかは一緒に来てくれています。

SW：それはありがたいですね。⑤

娘：本当に。

SW：奥様は一人で外に出るのはちょっと難しい感じなんですね。

娘：そうなんです。

SW：Aさん自身は介護保険は申請していないですよね。

娘：はい。

SW：わかりました。

娘：でもこれからは（申請）しておいたほうがいいですかね？

SW：そうですね。しておいたほうがいいかもしれませんね。

娘：要介護1くらいでしょうか？

SW：認定についてはなんともいえないんですけど、現在も掃除はヘルパーさんにお願いしていますし、今までAさんがやっていた買い物とか食事のこととかも、退院後すぐまた本人ができるよう

[下線⑤] は、ワーカーさんがクライエントの気持ちを代弁した応答となっていますね。娘さんは確かに「本当に」と答えていますが、ここはもうひと工夫あってもよかったかもしれません。というのは、25歳で無職の息子さんの実際の姿がわかりませんし、また娘さんがどのように思っているかは微妙な面があるかもしれないからです。祖父への支援という点からは、「ありがたい」のかもしれませんが、母親である娘さんにとっては複雑な面があるかもしれません。この場面、たとえば「息子さんも手を貸してくれているのですね」という具合に、積極的な評価を入れずに投げかけて、娘さんの反応を見たいところです。後段の［下線⑧］でも同じことがいえます。
➡ 19 現在の感情を言葉で返す

❶ 援助として展開するということ

PART Ⅲ　逐語で学ぶ相談面接技術　111

になるかはわからないので、申請しておいたほうが安心かなという気がします。

娘：食事は持って来てくれるところがあるって聞いたんですけど……。

SW：配食サービスですね。

娘：パンフレットを取り寄せたんですよ。Eってところだったかな？

SW：ほかにも、市でやっている配食サービスもあるので、ケアマネさんに相談してみるといいですよ。

娘：そうなんですか。相談してみます。

SW：今後は配食サービスの利用とかも考えているんですね。

娘：はい。あと買い物とかも頼めるんですよね？

SW：ヘルパーさんに頼めますよ。そのためにも申請はされておいたほうがいいと思います。これから手術ですから、手術後の様子を見て、リハビリが落ち着いたところで申請したらいいかと思います。

娘：市役所に行けばいいんですか？

SW：奥様のケアマネさんに相談すれば手続きしてくれると思います。

娘：ケアマネさんに言えばいいんですね。

SW：あとは近くの窓口が○○在宅介護支援センターなので、そこに行けばすぐできますよ。

娘：すぐ近くなので、行ってみます。

SW：お父さんの介護保険証はありますか？

娘：あります。

SW：それを持って行けば大丈夫です。これ、よかったらどうぞ。

　　　（介護保険の申請についてのパンフレットを渡す）

SW：あとは何か心配なことはありますか？

娘：術後なんですよね。家族が心配しているのは。階段の昇り降りとか、トイレのこととか……。

SW：はい。ご自宅が２階ですものね。

娘：リハビリして、１か月くらいですか？　これから……。

SW：先生からは、なんて聞いていますか？

娘：だいたい１か月くらいって……。

SW：そうですね。まあ病状とリハビリの状況次第にはなるんですけど。だいたい１か月から１か月半くらいで、リハビリの様子を見て、退院になることが多いですね。

娘：あとは帰って、家で……。⑥

SW：自宅の生活のなかでリハビリをしていただくことになりますよね。リハビリが始まってみないことには何とも言えないんですけど……。⑦

娘：階段の昇り降りができるっていうのは必須ですよね。

SW：自宅が２階ですから、そうですよね。でも奥様のことを考えると、早くＡさんが元気になって、ご自宅に帰ったほうがいいですよね。

娘：やっぱり心配みたいです。

SW：わかりました。階段と、トイレのことと……。あとは？

娘：食事のことですよね。

SW：ちなみに今はどうされているんですか？

娘：今は孫がいるので、買ってきたり、私が持っていったり。

SW：わかりました。お孫さんがいてくれて本当にありがたいですね。⑧

娘：そうなんです。

SW：ご家族は階段の昇り降り、トイレ、食事のことなどを心配しているんですね。手術後、早々にリハビリが始まりますので、リハビリの様子を見て、ご家族が心配されている階段の昇り降りとか、トイレ、食事のことなどは、リハビリの先生とも

❶ 援助として展開するということ

ワーカーさんは娘さんの［下線⑥］の発言を継ぎ足すかたちで、［下線⑦］のように応じています。ただ、この場面は「……」の部分を娘さん自身の言葉で聞きたかったところです。それは、娘さんの今の認識、今の不安に的確にアプローチするためです。ここは、「はい……」とだけ短く返して、もう少し待てるタイミングをつくってもいい場面であったように思います。

PART Ⅲ　逐語で学ぶ相談面接技術　113

相談して、Aさんのお体の状況に合わせて、どうしたらいいか考えていきます。そのつどご家族とも相談させていただいて、退院のときにはご本人も、ご家族も、なるべく不安が少なくなるよう、準備をしていきます。

娘：はい、わかりました。

SW：リハビリが始まったら、リハビリの様子を見に来てもらったりだとか、退院前には自宅の様子を見に行かせていただいたりしますので、そのときにはまたご連絡させてください。ところで、娘さんは今はお仕事はされているんですか？

娘：私も兄と一緒に1階の事務所で働いているんです。

SW：息子さんと娘さんが一緒に自宅1階の事務所で仕事をしているんですね。わかりました。お二人が目を配れる距離にいるというのは安心ですね。

娘：そうですね。

SW：わかりました。私のほうからはだいたいお話をうかがうことができたので、<u>以上になるんですが、あとは大丈夫でしょうか？</u>⑨

娘：まあなんともね……、こういうのは初めてなので。

SW：そうですよね。あとは治療やリハビリの様子を見て、そのつどお話をさせていただきますので、娘さんも何かあれば、遠慮なさらず何でも言ってください。

娘：<u>あの、あと先生の説明で、手術をすると精神的におかしくなることがあるって言われたんですけど……。</u>⑩

SW：高齢者の場合、入院や手術をきっかけに一時的に精神的に不安定になることはありますが、大部分は一時的なもので、また時間が経てば戻りま

面接の終わり際、クライエントが自由に話せる機会をつくることはとても大切です。なぜなら、そこから本質的な援助の入口となることが多いからです。［下線⑨］のワーカーの発言は、そのひとつです（「大丈夫でしょうか？」よりも「いかがですか？」のほうがよかったかもしれませんが）。大切なことは、面接の幕引きにもっていくのではなく、本質的な援助のスタートとなる投げかけとしてワーカーが認識できているかどうかです。

［下線⑨］のワーカーによる投げかけが、［下線⑩］の発言を引き出しましたね。娘さんが思い切って発言した感が

すから心配しなくても大丈夫だと思いますよ。⑪
娘：ふーん。そうなんですね（ぱっと明るい声のトーンで）。
SW：先生はすべての可能性をお話ししていると思うんです。Aさんは今まで車の運転をするくらい気丈な方だったので、大丈夫だと思いますよ。⑫
娘：そうなんですよ。来年免許の書き換えでそれでさすがに終わりかなって家族は話しているんです。事故が心配で。
SW：そうですよね。さすがにちょっと心配ですよね。あとは何かありますか？
娘：まあ、やってみないとね。
SW：ではまたお話しさせてください。今日はどうもありがとうございました。
娘：ありがとうございました。

あります。ワーカーには、面接終了間際のこの場面で、この発言をどのように扱うのかという力量が問われるところです。

[下線⑩] の発言を引き出したにもかかわらず、[下線⑪][下線⑫] にみられる「大丈夫だと思いますよ」という反応は課題が残るように感じます。なぜなら、実際には「大丈夫ではない」可能性も大きいからです。「大丈夫だと思う」という応答は、大丈夫でなかった場合には後々大きな影響を与えることにもなります。この場面、情報提供だけではすっきりしない面に焦点を当てるチャンスであったように思います。今後の援助の方向性にも影響を与えることにもなります。

❶ 援助として展開するということ

Advice

　父親の手術を目前にして、今後のことを検討していくためのスタートとして位置づけられる面接です。援助関係の形成を視野に入れつつ、前半は事実関係の把握と的確な情報提供がテンポよく展開されています。

　終盤の［下線⑨］の投げかけは、本来は非常に意味のあるアプローチです。ワーカーがそろそろ面接を閉じようとしていることをクライエントが察知した時点で、クライエントのほうから本音や本当に言いたかったことなどが表に出てくることがよくあるからです。ワーカーは、そのことを十分に理解しておくことが大切です。

　父親の手術は、父親自身の変化、家族関係の変化、息子との関係、自分のライフスタイルや生き方に少なからず影響を与えることになるであろうことを娘さんは薄々感じておられたのではないでしょうか。やがてやってくるであろうその現実を直視する覚悟をもってもらうこと、そしてその過程に徹底してつきあうワーカーの存在をこの時点で娘さんの脳裏に焼きつけておくことが大切であったように思います。

相談面接とは、十分な確証がないなかで「心配しなくても大丈夫ですよ」と話して表面的な不安をぬぐいとることではなく、その向こうにある課題の本質に向けてクライエントと一緒に歩んでいくことです。援助として展開するということは、こういうことだと思います。

❷ 来談者のいるところから始める面接とは

クライエントは、具体的な困りごとを相談面接の場面に持ち込んできます。
けれども、本当の不安の根っこは別のところにある場合もあります。
その不安は、クライエントの言葉の端々に無意識のうちに映し出されます。
それをキャッチできるかどうかが、相談面接を展開するポイントとなります。

Case

[ワーカー]
ソーシャルワーカー（在宅介護支援センター・ソーシャルワーカー）

[事前状況]
　ある日、女性の声で「ご相談したいことがあるのですが、そちらは土曜日はやっておられますか？」との電話を受ける。次の土曜の営業日は2週間先であることを告げると、「では、その日におうかがいします」とのこと。
　相談に前向きであること、緊急の相談ではないことが予測できたので、電話では時間を決め、氏名をうかがうのみにとどめた。

Interview

○月○日　午前9時

　予約してこられた方と思われる人物がガラス戸の向こうに現われたため、戸を開けた頃に笑顔で手を挙げ「私です！　お電話でお話しした○○です」と一声かける。

　クライエントが笑顔で「あ、お世話になりますー」と言われる。受付の席につき「よろしくお願いします」と互いに挨拶を交わす。

クライエント（以下、CL）：こんなお薬を飲んでいます、今。

ソーシャルワーカー（以下、SW）：たくさんのお薬をお飲みのようですね。あ、A子さんとおっしゃるんですね、ご本人さん。

CL：(笑顔で)あ、そうです。お薬をたくさん飲んでいるので、なにがなんだかわからないくらい飲んでいます(笑)。

SW：(この人はA子さんとどんな関係なのかな。でも、話に勢いがあるし、とりあえずこのままの流れを大事にしよう)ほんと、たくさんお飲みやぁ。これ(効能書)あとでコピーをさせていただいてもいいですか。

CL：はい、どうぞ。もともと糖尿病が30年前頃からあるんです。それで、歳とともにあちこちと悪いところが出てきて……。私が仕事で昼間いないんです。だから留守中に何かあったらとか、いろいろ考えるんです。自分では外へ出られなく──①
なってきてるんですが、病院へはタクシーで一人で行ってます。

SW：(30年前から糖尿病やったら相当進んでるよなぁ。いったいどんなふうに過ごされてるんやろ

Focus

ここで、その前のクライエントの発言内容のどこを受けて応答するかはひとつのポイン

う。食事とか運動とか。身体もいろいろと支障を
きたしてきてるやろうなぁ）昼間はお一人なん
ですねぇ。
CL：ええ。一人で何とか。私は心配なんですけど。②
SW：昼間ご家族がいない間がご心配なんですね。
今日は、ご家族の留守中にお一人でおられること
や本人一人での通院に対して何か支援の方法とか
情報をお聞きになられに来られたのですね。
CL：そう、そうなんです。私が留守中に何かあっ
たら……とか。病院にはタクシーで行ってるんで
すけど、本人が「今日は9時に行ったんやけど、
家に帰ってきたんが2時やった」とか言うのを聞
いてて……。帰ってきたら「しんどい」って言っ
てます。
SW：そうすると、病気に関してはご自分で管理な
さってるのですね。
CL：はい、そうなんです。（私が）ついて行けな
いので、誰かついて行ってくれるようなヘルパー
さんとかあるんですか。
SW：一人で通院できなくなる点について、この先
ご心配ですか。
CL：うーん、私の不安は解決できないかもしれな
いけど。③いや、会社の上司がね「できることは
させとかないと、かえってできなくなるよぉ」っ
て教えてくれて。みんなそうみたいですけどね。
SW：（会社の上司か〜、誰かに相談できる力があ
るんだなぁこの人）でも、ご家族としては一人で
昼間いらっしゃることが心配は心配なんですね。
CL：ええ、自分なりにできそうなやことやできない
ことを考えて動いているみたいです。買い物は私
がしてるし、洗濯もしてる。力仕事も私がやって
ます。でもね、私が帰ってきたら、「今日はあ
れやってしんどい、これもやって、あぁ疲れた

トです。A子さんのことよ
りも、まず先に来談者である
クライエントの感情に焦点を
当て、そこを入り口として展
開していったほうが援助とし
ての面接はスムーズに展開し
たように思います。［下線①］
の言葉を受けて、「留守中に
A子さんに何かあったら、と
心配されているんですね」と、
「いろいろ考えているあなた」
に向けたアプローチも有効で
しょう。この場面、「自分」
に焦点を当ててもらえなかっ
たクライエントは、［下線②］
のようにもう一度ワーカーに
向けてアピールしているのが
わかります。
➡ 17 感情表現を繰り返す
➡ 18 感情表現を言い換える
➡ 19 現在の感情を言葉で返す

［下線③］の発言は要チェッ
クですね。クライエントの
「うーん」に続く「不安」の
内容は何か。また何をもって
「解決」となるのか。おそらく
クライエント自身もまだ漠然
としていて、明確になってい
ないでしょう。ワーカーとし
ては、「この話の流れでは私
の不安は解決しない」と感じ
ているクライエントの気持ち
をキャッチしていることを伝
えておくことで、次の展開に
つなげることができた場面で
あったように思います。ワー
カーはこれらの言葉の意味を
深めることの必要性を念頭に
置いておくことが大切です。
➡ 17 感情表現を繰り返す
➡ 18 感情表現を言い換える
➡ 19 現在の感情を言葉で返す

〜」ってね。だから何かしてあげたらいいんだろうけど、手を出したら出したでいろいろ文句を言うから……。今は私と二人暮しなんですけど、あ、私は娘なんですけど、父が単身赴任で留守しがちでしたし、ずーっと自分の好き勝手が通ってきた人なんですよ。だから人に合わすとかいうのは考えられないし……（笑）。

ＳＷ：（やっぱり娘さんだったのか、この人。ご本人の心のストレスを娘さん一人で受けておられるんやなぁ）やれることを取り上げたらいけないし、だからといってご本人が言われることについて黙って聞いてもいられないという感じなんですね。

ＣＬ：ええ、私みたいに楽観的に物事を考えられたら④どんなに楽かって思うんですけど、あの人はいろいろ考えて……しんどくなってるのかなぁ。

ＳＷ：（楽観的……そうか自分で楽観的って自覚しているんだ、娘さんは。深刻みがなく笑顔で相談に来られたのはそのせいかな。いずれにしても楽観的と自覚していることが、老いていく親を客観的に見れていることに結びついているんだろうなぁ）ご本人、頑張っていらっしゃるんですね。

ＣＬ：うーん、「できへん」っていうのが言えないんですよ、あの人。

ＳＷ：特に主婦として長年やってこられた、いわば家事のプロですものね。

ＣＬ：40年以上ですもんね。

ＳＷ：（家族がこれだけご心配されてることをご本人は知っておられるのかなぁ。ご本人は自分のことをどんなふうに思てるんか……）Ａ子さんはご自分の不安のことや通院のことをどんなふうにお考えなんでしょうね。

ＣＬ：うーん、難しいですね……。⑤

［下線④］でクライエントがわざわざ「楽観的」という言葉を持ち出したことをどう解釈するか。この言葉は、「クライエントのいるところ」を理解するヒントとなりそうです。

クライエントが［下線⑤］の

ＳＷ：娘さんはこんなふうになってほしいと思われることはありますか。

ＣＬ：通院した日は風呂にも入らないで寝るんですよ。「しんどいわ」とか言って、ほんとにしんどいみたいですわ。

ＳＷ：出かけたときのしんどそうなのが気になるのですね。家ではどんなふうにお過ごしなんですか。

ＣＬ：外との接触は嫌いなんです。買い物は私がしているし。必要なもので大きな物は仕事帰りに買って帰るようにしてるんです。料理は自分で工夫して台所にイスを置いて休み休みしたり、座ったまましたり。「こんなんやから自分は認知症になるかも」とか言ってますわ（笑）。

ＳＷ：はぁ～、ご自分でそんなふうに言葉になさるんですかー。

ＣＬ：ええ（笑）。楽しみにしていることとかないのかなぁ。近くのサークルとかには出ないと思うし。誘われても断ってるみたいです。

ＳＷ：はぁ……。（このままやったら認知症になるって言語化することで不安を小出しにしてるような感じがするなぁ）

ＣＬ：「私も出たほうがいいと思うよ」って言ったって、聞きませんしね。こっちもどこまで手を出したらええのか……難しいです。

ＳＷ：周りがどれだけいいと思っても、ご本人がそう思わなければ変わりませんもんね。

ＣＬ：そう。母がどんなふうにしたいのか、本人の意思ですもんね。どうしようもないわねぇ、人それぞれやから。なるようにしかならへんよね。

ＳＷ：……。（何か娘さんの中で起きはじめた感じがする）

ＣＬ：<u>悩みなんです。私にできるかしら。本人はいらないと考えているのに……気楽にやろうとして</u>

ように反応しているように、質問が難しかったかもしれませんね。つまり、クライエントに、お母さん自身は自分の不安をどう考えているのかと尋ねても、娘さんの側にはそれに答える余裕や準備がなかったのでしょう。この場面では、ワーカーさんは問い方を変えることできっちりと対応されています。

➡ 5 開かれた質問をする

この［下線⑥］の発言は、非常に重要な意味をもっていたように思います。介護を気楽

いるのに……。⑥

SW：そこが難しいですよね。

CL：どうしたらいいのか……いやね、ここへの相談ね、半年ぐらい前、夏頃から思いながら……私、暑いときに動くのが嫌いなんですよ（笑）。それで、涼しくなってきたから動きはじめたんですけどね（笑）。

SW：（ここへ相談に来ることをずいぶん前から考えられていたんだぁ）お話をおうかがいしてると、「こんなことでは認知症になる」と言っておられるのは、ご本人に何かしら不安があるからのように感じられるんですが。なのに、動かなあかんと思っていながら動けない。わかっちゃいるけど……という感じですね。

CL：そう（笑）。一度、母に「もし動かんようになったらどうしたい？」と訊いたことがあるんですけど、すると母、「施設に入るのはいやや」と言いました。動かれないようになったとき、ヘルパーさんに来てもらってもうまくいくか……他の人に自分を合わせることができないので……。

SW：……。（親子間でそんな話ができる関係なんだぁ）

CL：人間よりも動物、猫とかとつきあうのがいいみたいで、猫が死んだときなんか斎場で焼いてもらって、仏壇に祭って毎朝お参りしてるんです。

SW：はぁ～、そうですかー、人とふれあうのは苦手だけど、何かとふれあっているのは好きなんですね。

CL：ええ。そうみたいです……自分なりに病気には何がいいかと考えたりしてるみたいやけど……。今はできてはいないけど……。

SW：自分でも頑張っておられるような気がしますね。

にやろうとしてきたのに、お母さんの性格もあって事態はそうは動いていない…。そんな娘さんの心情に波長を合わせることができていれば、たとえば「現実には、そう気楽にはいかないかもしれない……と不安になっておられるんですね」と応答することができた場面です。そのためには、この場面においてというよりも、それまでの流れのなかでクライエントの「不安」や「楽観的」の言葉の意味に波長を合わせながら考察を深めておく必要があります。

➡ 18 感情表現を言い換える
➡ 19 現在の感情を言葉で返す

CL：と、思います。自分では前もって病気が知りたいみたいで……。
SW：これ以上病気が悪化しないように。
CL：ええ。予防はしてほしいですね。
SW：糖尿病とかおありやったら、先のことが心配ですもんね……。
CL：ええ。6月頃からおかしくて、足の指がじくじくすると言っていて、心配で外科に頼んで診てもらったら、第2関節の骨まで感染していたみたいで切断したんです。本当は足首から切断しないといけなかったかもしれないんですが、指だけで済んだんですね。「指がなくなったので歩くのが不安定になる」って言うんです。指1本ぐらいですごいものですね。血流がよくないようで、「足がパンパンに張って歩きにくい」って言ったり。
SW：はぁ〜（壊疽って言葉が出てこないなぁ。指1本ぐらいでって感覚なんやなぁ）、人とは接触をもつのが大変な方なんですね、歩くのがいいとわかっていてもなかなか動かないし……不安と背中合わせの生活をされていて、自覚がなかったら予防は難しいかもしれませんね。
CL：自覚をしてほしいと思うのですが……この間、内科の医師に、「私、最近おかしいので脳の検査をしたほうがいいでしょうか」と自分で言ったようで（笑）、12月にMRI検査することになったみたいです。
SW：何かご自分でも不安を感じておられるんですかね。⑦
CL：自分で（MRI）撮りたいって言ったみたいで（笑）。
SW：検査をゲットしたんですね（笑）。そうやってお医者さんに検査してもらう権利を得たりとか、力をもっていらっしゃいますねー。

❷ 来談者のいるところから始める面接とは

「お母さんの不安」は、娘さんの不安を映すものでもあるのでしょう。ですから、[下線⑦]の応答場面では、先に娘さん自身の不安にアプローチできればよかったかもしれませんね。
➡ 15 感情表出をうながす
➡ 19 現在の感情を言葉で返す

ＣＬ：そうですね（笑）。私にはできません。でも、手遅れになるとやばいので、例えば突然明日動けなくなったような場合は、その日からでもお願いできるんですか。まだ介護保険を申し込んでいないんですけど。

ＳＷ：もし明日突然動けなくなったら、まず病院ですよね。入院とか治療が先ですよね。その間に介護保険の申込みなどをする時間が稼げますので。ま、明日突然どないかなったとしても手続きは間に合います。

ＣＬ：そっか～、退院するのがわかったら、（調査の）聞き取りに来られて、退院する頃に結果が出る。その時点でも間に合うということですね。

ＳＷ：落ち着いてきた頃には病院側でも今後の予測が立つので、そのときに今後どんな動きが必要になってくるか話し合ってもいいわけですね。

ＣＬ：ということは、今するべきことは予防なんですね。

ＳＷ：そうなんです。

ＣＬ：はぁ～。

ＳＷ：何か今、心がけられていることはありますか。糖尿病だと運動療法とか食事療法が一般的ですけど、なかなか難しそうですね。市で行われているリハビリ教室なんかは身体に合った体操とか手作業とかレクなんかをやってるんですが。いわゆるデイサービスのように長時間でもないし、他の人と仲良くしなければならないこともありません。そんなのはいかがでしょうね。

ＣＬ：そのリハビリ教室はどこでされているのですか。

ＳＷ：保健センターで行われています。週１回で１時頃からだいたい２時間ぐらいです。

ＣＬ：あー。でも……行くかな～。

SW：まぁ自分のテリトリーである家を出て何かをするっていうのは、A子さんは好まれないかもしれませんね……。

CL：ええ、そうなんですよ。家にいたら一国一城の主ですからね。前なんか、リビングの椅子に私が荷物を置いてたら、「あ、そこ私の場所やから置かないで」って言うんですよ。リビングって共有部分ですよね。

SW：はぁ……（娘さんようやっとんなぁ）。いろいろなお母さんの思いをいっぱい受けとめておられるんですねー、娘さん。<u>そんなお母さんが自分から変わってもらうには、どういう力があればいいと思われますか。</u>⑧

CL：母が変わるには……ですか……。

SW：お母さんが言うことを聞く人とか、一番影響力がある人、誰かいらっしゃいますか。

CL：影響力……あの人、誰かの言うことなんか聞くんかな……。

SW：主治医の先生なんかはいかがですか。お医者さんには自分で通われて、MRIの検査まで取り付けたり、足の指を切るなんてことをしてもらっているし、不安を打ち明けてる相手ですよね。

CL：ああ、何も知らない人より、信頼関係のある先生のほうがいいですもんね。足の指切断するときもそうでしたわ。先生から手術の説明を受けてたときも、自分が判断できないことについては「もうどないでもして」って体あずけてたなぁ。諦めたら開き直るタイプですね、あの人は。

SW：細かいことを言われると嫌やけど、どうしようもなくて命にかかわるとなると自分でまな板の上に乗るんですね。

CL：そう、そんな人ですわー。とことん自分で困ったら動ける人なんですよね。そうですね、とこと

［下線⑧］の内容のようなご本人の主体的な変化のうながしやエンパワメントの視点は、対人援助においてきわめて重要な視点です。けれども、この時点で、それを娘さんに答えてもらうにはまだ早かったですよね。お母さんにとって、また娘さんにとっての最善の「変化」や「ゴール」とは何か。本人たちがその答えを導き出すまでの道のりを、ワーカーとして支えることができればいいですね。

ん困るとできるんや……確かにそうですね。
ＳＷ：……（ここまで喋ってみて娘さんどう感じておられるかな）。
ＣＬ：はぁ、なんか気づかされましたわ～。
ＳＷ：そうですか、気づいたんですねー。
ＣＬ：（笑）はい。気づきましたー。
ＳＷ：あの、予防という点から考えると、何も介護保険ばかりが利用できる制度ではなくて、人とのおつきあいもなかなか難しそうということなので、ご本人のテリトリーであるお家のほうにこちらが行かせてもらうというのはいかがですか。市の保健師と私でお宅へ行かせていただき、保健師は保健医療に関しての相談全般や予防に関する指導などができますし、私はここまで娘さんのお話をお聞きしていて、いざとなったらまな板に乗れるＡ子さんに会ってみたいと思いました。いかがでしょう。
ＣＬ：そうですね……。今日の話はどんなふうに本人に言ったらいいかなぁ。
ＳＷ：なかなか言い出しにくいですか。
ＣＬ：ええ～、でも何かの折に言ってみます。あの、時間どれくらいとりますか。あの人難しい人やからね。
ＳＷ：今日いろいろお話しされてみていかがでしたか。初めての相手にいろいろ質問されたり、思っていることを話すのは勇気のいることなので、今日ぐらい必要と思いますが……。だいたい60分から90分くらいでしょうか。
ＣＬ：そうですね、わかりました。
ＳＷ：（けっこう娘さんの話を聞いたけど、娘さんとしては用が足せたんやろか）今日はこちらに来られて何か成果はありましたでしょうか。
ＣＬ：はい。とりあえず申請とか手続きなんかはま

だしなくていいってことと、保健師さんが家へ来てくれたりするんだってことがわかったので……とにかく母に言ってみます。(母が)どう言うかわからないですけど(笑)。

SW：そうですね(笑)。まずA子さんがご自分のことを今どういうふうに考えられとってんかってのが一番重要ですもんね。

CL：はい。じゃ、また本人に言ってみて、それからいつ頃とかお電話させてもらったらいいですか。

SW：はい、それで結構です。よろしくお願いします。

CL：はい。じゃ、これで失礼します。わ、私2時間も喋ってた〜。うわー、すみませーん長い時間、お忙しいのにー。

SW：いえいえ〜(たくさんお話ししたいことがあったんですよ、とは言わんとこ)。じゃ、またお電話お待ちしております。さようなら〜。

CL：はい、さようなら〜。

❷ 来談者のいるところから始める面接とは

Advice

　初回面接はその後の支援の方向性に大きな影響を与えます。介護保険制度は、もちろん介護を要する本人に介護サービスを提供するものですが、今回のように家族が相談にやってきた場合には、まずその場での来談者である「家族（娘さん）のいるところから始める」ことが大切です。

　「私みたいに楽観的に」「指1本ぐらいで」といった言葉の裏に、また笑顔をつくりながら話されるその表情の裏にある娘さんの「まだ言葉にならない不安」にアプローチすることから始めることが大切であったように思います。

　また、面接は、言葉のやりとりのたんなる積み重ねではなく、流れのなかでクライエントのいる世界を理解することが求められます。たとえば、「私みたいに楽観的に」の解釈は、この言葉にまず「付箋」を貼っておくことで、後のやりとりのなかでその意味が見えてくるものです。

　ワーカーは、この面接の最後の場面で、「今日はこちらに来られて何か成果は

PART Ⅲ　逐語で学ぶ相談面接技術

ありましたでしょうか」と尋ねています。この日の面接を閉じるに際して、クライエントがきっと何かすっきりしない表情をされていたのでしょう。具体的なサービス内容も有益ではあると思いますが、介護の担い手としてやっていくことに対するクライエント自身の圧倒的な不安へのアプローチを求めていたのではないかと思います。

　何らかの援助を要する本人の家族との面接は、まず目の前にいる家族（来談者）をきちんと受けとめ、そこを出発点として相談援助していくことが大切です。

❸ 相談面接を援助関係づくりの端緒にする

相談面接にはそれぞれ意図をもって取り組む必要があります。
漫然と会話をつないでいくだけでは、目的を達成することはできません。
相づち、繰り返し、質問といった基本技法が介護支援専門員の業務のなかで
具体的に用いられている相談面接です。

Case

[ワーカー]
ケアマネジャー(居宅介護支援事業所・社会福祉士)

[クライエントの状況]
Aさん(74歳・女性・要介護2)
　高齢者夫婦世帯、脳梗塞による左不全片麻痺の既往歴あり。
　介護保険施行と同時に要介護認定を受ける(要介護2)。しかし、対人関係に不安が強く、介護保険サービスは訪問・通所とも一切拒否。夫の介護だけを受け、定期的に受診して内服治療と医療のリハビリテーションを続けながら在宅で生活を送ってきた。
　ワーカーは介護保険施行当時、訪問調査のために3回自宅訪問を行ったことがあるが、以降は市役所の保健師による訪問調査に切り替わっていた。

[今回の訪問面接の位置づけ]
　市役所から、Aさんが介護保険のサービス利用を希望されている旨の電話連絡が入った。その日のうちにAさん宅に電話をかけ、翌日の訪問の約束をした。今回の訪問は3年半ぶりとなる。

[同席者]
　B氏(夫・主介護者)

[面接時間]
　11：00～13：30 (逐語録は最初の20分程度)

Interview

午前11時：ご自宅を訪問

ケアマネジャー（以下、CM）：おはようございます。

Aさん：はい、どうぞ（奥のほうからAさんの元気そうな声が聞こえる）。

CM：よろしいですか？　失礼します。

Aさん：どうぞ、どうぞ。

B氏：どうぞ。

CM：お久しぶりです。

B氏：ヤァ。

CM：覚えてもろとるやろか？

Aさん：あ……知ってます（懐かしそうに、笑顔で）。

CM：ヘヘヘ、もう忘れられとったらどないしょう思って、ワッハァハハァ、またイチからせなあかん思ってて。

Aさん：いいえ。

CM：いやァ、もう嬉しかったわ、①久しぶりにお会いできるのが。

Aさん：ほんとや。女の人が来よってやった、2回ほどかな。

CM：調査の方やね。

Aさん：はい。

CM：認定結果だけはもっていたいということで、市のほうで調査をやってもらってたと思うんですよね。サービスのほうはね、まあしばらくはいいよということで頑張ってはったもんね。

Aさん：はい。主人がしてくれるからね（軽く笑いながら）。②

CM：そうですよね、それでまた改めてその……サービスを使われる際の、私が何をする人かということを説明しながら、Aさんのこれからの方向なんかを一緒に考えていかせてもらおうかなと思うん

Focus

久しぶりに再会したこの場面。[下線①]のようにワーカーのほうから率直に感情を表に出すことは、有効なアプローチのひとつです。もちろん意図をもって適切に用いる必要がありますが、こうした対応によってクライエントの感情の表出をうながすことができます。
⇒ **15** 感情表出をうながす

ご主人のBさんが同席していることを考え合わせると、制度の説明に入る前に、[下線②]のAさんの発言を受けて、「ご主人もずいぶん頑張られたのですね」と二人に返し、それぞれの反応をみることで、以降の働きかけを検討するための素材を得ることが

ですけど。前もいっぺん説明させてもらったと思うんやけど、私はケアマネジャーいうて、Aさんの生活のなかでAさんがこういう生活をしていきたいと、そのときにね、介護保険の要介護度をもってはるから、その枠を使ってこういったサービスを使ってみたいとか、ちょっとどんな情報があるんか教えてくれとか、そういうかたちのものをお伝えしながら、結果的にはAさんが自分の今の生活、これからの生活も含めてね、考えていきながらどうしていくかを決めてもらって、そのなかでサービスをおつなぎして、そしてそれがAさんの思いとその方向と、それに準じてうまくいってるかどうかをお聞かせ願いながら、お体の状態とか、生活の状態によってまた違った方法がないかどうかを一緒に考えていくということでしてね……。

Aさん：あぁ、そうですか、よろしくお願いします。

CM：いえ、こちらこそ。そういうかたちで進めさせてもらうということで、お話を聞かせていただいてよろしいですか？

B氏：うん。③

CM：えー、私が寄せてもらってた頃は何回か聞き取りいうて、いろいろとお体の具合なんか聞かせてもろうて、市のほうに書類出して、そして介護保険の結果が出てましたよね。

Aさん：はい。④

CM：えー、しばらくサービスをお使いにならないということやったんで、市の保健師さんが直接何回か介護度のそういう手続きを私の代わりになさっておられたと思うんですね。

Aさん：そうですね。⑤

CM：サービスの計画を作るとなったらまた、ケアマネジャーが寄せてもらいながら一緒にいろいろ

できたかもしれませんね。
→ 5 開かれた質問をする
→ 9 言い換える（展開）

制度や事務手続きの説明は難しいですね。介護保険制度の仕組みやケアマネジャーの役割をここで一気に理解してもらおうというよりも、理解に向けたスタート地点に立つための作業ととらえたほうがいいでしょう。この場面では、ワーカーさんが決して説明的ではなく、自分の言葉で誠実に語ろうとされる姿勢に好感がもてます。逐語録にしてしまうと、若干冗長な感じがしますが、具体的な内容よりも一緒に取り組んでいこうという姿勢が伝わることがここでは何より大切です。

AさんとBさんの［下線③〜⑥］の応答は、いずれも短く終わっています。内容的にどうしても説明的になってしまいがちな場面ですが、とりわけ［下線③〜⑥］の場面のように、「クライエントが考えて答える」という余地がない会話の流れになっているのが気になります。説明的な内容の流れを受けて、そのままワーカー主導の面接に陥ってしまうというのがよくあるパターンですので注意が必要ですね。
→ 6 閉じられた質問をする

❸ 相談面接を援助関係づくりの端緒にする

と生活のなかのお話をしながらすすめていくというかたちの役割で私がおりますんで、Aさんは自分のこういう生活を大事にしたいんや、というところをお話しいただいてね、そのなかで一緒に考えていく役割が私ですから、こうしたらええとか、ああしたらええっていうよりは、むしろ、Aさんが「こうしたいんやけど、どうやろう」とかいうことで言うてもろていいんですよ。私がお持ちさせてもらっている情報とかをお出ししながらね、そのなかで決めていってもらおうかと思ってますので。そんなかたちでお話をすすめさせてもらっていいですか？

B氏：うん。⑥

CM：で、この前、昨日ですね、市役所の方からお電話いただいて……病院に行ったあとに市役所に行きはったんですか？

Aさん：はい。

CM：あ、ほんまにー。病院行った後で市役所に行きはったいうのは、病院でどない言われましたん？

Aさん：リハビリはね、病院で、もう6年からしとるしね、病院で続いてはもうできないから、えーと、お宅の何とかいうんですよね？

CM：（しばらく間をおいて）介護保険のなかのデイケアかなんかかな？

Aさん：いやぁー、そういう感じやね。

CM：あーなるほどね、介護保険のデイケアでしてもらいなさいと……？
（ちょっと待てよ、これは慎重に事を運ばないといけないな。前からの介護保険サービス利用拒否の理由は、性格的に外に出て行くのも、家に人が入ってこられるのも嫌だと言われていた人だから。どこまでデイケアの内容を理解して言われて

いるのだろうか？　もう少し、サービス内容を踏み込んで説明しながらイメージをしていただかないといけないな）

Aさん：はい、「よう手を揉んでくれる人や」と言うたらええからと……。

CM：ぁあ、手を揉んでもらえる人？

Aさん：こうやって（右手で左の手指を曲げたり伸ばしたりする）。

CM：今、手を揉んでもらってはりますの？　じゃ、先生は手を揉んでもらう人をお願いしなさいと？

Aさん：はい（また、指を曲げたり伸ばしたりのしぐさをする）。

CM：そない言われて、市役所行かれて……。

Aさん：はい、市役所へ行って……、介護の責任者かなんか知らんけど、来るから、それで行動するようにと。

CM：なるほど。今、リハビリはどの先生にかかっておられましたん？

Aさん：C先生。

CM：そしたらAさん、Aさんがどういうふうなリハビリをしておられたか、で、どういうふうなリハビリを続けはったらええのんかを、私がC先生にお尋ねに行ってもいいですか？

Aさん：いいです。

CM：で、そういうことが今度利用されようというところでも、同じような内容のことをしてもろうたら、Aさんはいいんですか？

Aさん：いいんです（しっかりと答える）。

CM：ああ、なるほどね。今、してもらってるリハビリがいいねんね。特に内容はどんな内容ですの？　Aさんから聞かせてもろとく内容を確認したいんですけど、どんなことしてもらってはります、今は？

❸ 相談面接を援助関係づくりの端緒にする

Aさん：手をこういうふうに揉んでもらったり（右手で左手を持ってゼスチャーで示しながら）。

CM：左手を？

Aさん：肩が……肩をこう上げたり、手をこう伸ばしたり。

CM：肘を伸ばしたり……。いわゆる関節を伸び縮みさせ、関節の動く範囲を常に確保できるように、こういう運動をしてはったんやね（ゼスチャーを交えながら）。それ以外に何かしてはることありました？

Aさん：それ以外は、言葉のほうでね。

CM：あ、言葉で、うん、うん（Aさんのほうに体を傾けながら）。
（言葉の話しづらさは確かにあるけれど、具体的にどんなプログラムをしておられたのかな？サービスを調整するうえでも、ここはしっかりと聞いとかないといけないな）

Aさん：行ったとき先生とかと話したり、患者さんと話したりしてね、もの言うことをしてね、じっとしているとものがでないんですよ。友達が月1回くらい遊びに来てくれる、そしたらものがようしゃべれるんです。

CM：うん、うん、そうかー、人がいてて、それが特に友達なんかやったら話がしやすいねんね。

Aさん：そうです。

CM：ぜんぜん知らん人とかは？

Aさん：あ、嫌いなんです（はっきりと言い切るように）。

CM：緊張したら、なかなか話ができへんねんね。

Aさん：神経が出てくるんです、それで頭が痛くなるんです。それで安定剤をいつも持って歩いているんです

CM：ほうー。⑦

リハビリの内容から「言葉」

Aさん：買い物に行っててなっても、お茶を買って
　　　もらって飲むんです。
CM：そうかあ、買い物行ってて、人と話すことが
　　のうても、そういうことがおこるわけですか？
Aさん：あるんです。人に酔うてしまうというんで
　　　すかね。
CM：はあ――……人に酔ってそうなるんですね。⑧
Aさん：はい。
CM：そうか、これは……Aさん、私が寄せてもらっ
　　てた5年ほど前にはそういうのは……。
Aさん：そんなことなかったです。
B氏：そうそう。
CM：前は、なかったよね。私、そんなこと聞いた
　　ことなかったよね。今、初めて聞いた話やから
　　……足崩させてもらっていいですか？⑨（足をあ
　　ぐらに組みかえながら、しばらく間をおいて）あ、
　　そう……。
　　（事前に直近の訪問調査内容はもらっていたけれ
　　ど、このへんのことは情報として出ていなかった
　　な。じゃ、じっくりこのあたりのことも聞かせて
　　いただく必要がありそうだ）
Aさん：今はね、肩がこって、頭へきて、いつもめ
　　　まいがするんで……。
CM：それは、別に人に酔わんでも？　家に居ると
　　きでも？
Aさん：家に居るときでも……今度は、家に居ると
　　　きでも、頭の芯が痛くて、フラフラ、フラフラす
　　　るんですよ。
CM：芯が痛くてフラフラしてめまいがする？⑩
Aさん：はい、眼医者へ行ったら、白内障やいう
　　　て……。でも、これは（めまいの原因は）、目じゃ
　　　ないって言うんですよ
CM：ということは（原因は）もともとの病気やろ

や「頭痛」へと話が展開して
いく場面。ワーカーにとって、
内容にしっかりと踏み込んで
いきたいところですね。ここ
でのワーカーさんは、「その
話、関心をもって聴きますよ」
というメッセージをきっちり
と送っています。こうした場
面での、[下線⑦]の「ほうー」
や[下線⑧]の繰り返しの技
法は、単純な技法ですがとて
も有効に作用します。
➡ 3 相づちを打つ
➡ 7 繰り返す

このタイミングで、[下線⑨]
の発言とそれに続くあぐらに
組みかえるという言動は見事
ですね。「この話、じっくり
聴かせてください」という強
いメッセージとなっていま
す。面接場面においては、言
葉だけでなく、こうした態度
や言動は大きな意味をもちま
す。

この場面、確かにこの内容に
ついて詳しく知りたいところ
です。「そのあたりもう少し
詳しく聞かせてください」と
尋ねなくても、[下線⑩]に
あるように、Aさんの前の発
言を受けた繰り返しの技法を

❸ 相談面接を援助関係づくりの端緒にする

うか？

B氏：それはもうひとつわからへんな。

CM：「目からやない」と言われて、それは今のD病院の先生に言いはったん？ D病院の先生は誰にかかってはんの？

Aさん：D病院の先生ね、E先生に代わっていて、あかんねん。診察もしてくれへんし、血圧も測ってくれへんし。

CM：前はF先生やってんね。

Aさん：はい、それでこの前、F先生に代わったんです（F先生は以前D病院に勤務しており、そのときの担当医。今は地元で開業されている）。

CM：そうかいな、いつ代わったん？

Aさん：月曜日。E先生、薬出すだけで、なんにも診察もせえへんし。

CM：それで、2、3日前にF先生に行ったん？ そしたら、これからどうするつもりです、お医者さんに関しては？

Aさん：F先生のところへ行って、そして検査してもらうつもりです。腰が痛くて、手足が晩びれて冷たくなって痛くなるんです。晩寝てても足の根っこから痛くなってくるんです。

CM：ここから下、両足やね（自分の股関節を指し示しながら）。

Aさん：はい。

CM：ああ、そうか……、両足がどうなんの？

Aさん：寒くなってくるんですよ、冷たい感じがしてくるんですよ。

CM：なるほど……。それによってAさんは生活の上で何か不便はある？⑪

Aさん：別に不便はないですよ。しんどなったらすぐに横になるし……。

CM：あ、そうか。要するに何をするわけやないか

使うことで、スムーズに次の発言を引き出すことができます。
⇒ 7 繰り返す

この場面での［下線⑪］の質問ですが、「そのことでふだんの生活にどのような影響がありますか」というような「開かれた質問」をしたほうが、今後の不安やちょっとした不便を表に出してもらえたかも

ら、ただ痛いとか冷たいという精神的なつらさがあるんやね。

Aさん：はい、あとは主人がしてくれるから気の毒なくらいや。それで私、気をつかいますねん。

CM：あぁ、そうか、そうか。ご主人が全部してくれはんねんね。それで気をつかうねんね、奥さん（笑い）。気をつこうてばっかりやね。周りに気をつかい。そうか、うーん、ご主人どないです？ そない言うてはるけど？⑫

B氏：せな、しゃあないやん（笑って）。そんなことで気つかうな言うんやけど、本人はどうやら気をつかうらしい。

Aさん：すまんな、すまんな思って（笑いながら）。

CM：うーん、そうやな、つい感謝の言葉もお詫びの言葉も出るんやな。

Aさん：はい。

CM：それは、まあご主人も今、言ってはったように、しゃあないもんやし、「ワシがしたらいいんやし、そんなことに気をつかうな」って言うてはんねんね。でもそれは夫婦であってのことやね。

B氏：ハハハハ。

CM：これは、お互いやもんな。ご主人がしてくれはるんやし、でもその気持ちいうのが大事やもんな、お互いにな。ご主人としては今、言ってはったように、両足とか両手のしびれとか冷たい感じとか、F先生のところへ行ってイチから──。

Aさん：はい、まだ先生には言ってないんです。今日、帰ってきてからそないなったんです。

CM：改めてF先生でやろうということは、やっぱり、お医者さんも自分とのかかわりのなかで、Aさんが思うかたちのかかわりをしてほしいという希望があるねんね。

Aさん：はい、F先生はこう押さえて痛いとこない

しれませんね。
⇒ 5 開かれた質問をする

[下線⑫] では、ワーカーさんが夫婦の間に入って「媒介機能」を果たしておられますね。それぞれが抱く感情の交流をうながし、それを確認しあうという作業は、今後の介護のあり方や二人の生き方を本人たちが模索するための基礎作業になるものです。
⇒ 5 開かれた質問をする

❸ 相談面接を援助関係づくりの端緒にする

かといって診察するし、血圧もとってくれるし、お腹のほうから背中も診てくれるし、こっち痛いか痛くないか聞いてくれたり……。E先生、そんなこと一切せえへん。
CM：ああ、そうか。
B氏：はいはいって、薬出すだけやわ。
CM：お医者さんはそうやって、Aさんが前から診てもらってたF先生に変えて、もういっぺんきっちり診てもらうというかたちやね。
B氏：そうです。［以下略］

（1時間程度の予定の訪問面接が、終わってみれば2時間半が経過していました。初回アセスメントとサービス調整を行うことを目標とし、前回（3年半前）にできなかった信頼関係づくりをしっかりとしておきたい、今回が最初で最後のチャンスでもあると気合いを入れて臨んだ面接でした。結果としては、Aさんの性格とリハビリの目的に適うサービスとして「訪問看護師によるリハビリ」につなげることができ、「援助関係づくり」という点でも一応の目的は果たせたと感じています。ただ、Aさんの思いをご自分の言葉で語ってもらうことを重視したせいか、長時間にわたる面接となってしまいました。面接プロセスの早い段階で「関係づくり」ができていれば（どこでどう展開すればよかったのかはわからないのですが）、もっと短い時間で面接を終わることができたのではないかという思いがあります。）

Advice

　ワーカーの意気込みと緊張感が伝わってくる面接ですね。久しぶりに再会したクライエントときっちり向き合おうとする姿勢はとても好感がもてますし、またこれらは「援助関係づくり」の基礎となるものです。

　「援助関係づくり」に関していえば、この面接によって関係が形成できたというよりも、関係づくりに向けてスタートをうまく切ることができたととらえたほうがいいでしょう。1回の面接で援助関係が形成されるわけではありませんし、また関係を形成すること自体が問題や課題の解決に向けた取り組みともなるからです。

　相談面接の目的のひとつは、「援助関係づくり」にあります。ただ、特定の面接技法を用いれば関係が形成されるというわけではなく、技法を場面・内容に応じて総合的に活用することが求められます。また、漫然と会話を続けても無意味ですし、会話内容の意図的な展開も大切となります。

　介護保険制度によって効率性や採算性が厳しく問われることになりました。対人援助の視点とどのように折り合いをつけるかが大きな課題となってきますが、今回の面接のように必要な場面ではしっかりと時間をかけて取り組んでおくことによって、トータルでみれば時間の圧縮につながるという見方も大切です。

❸ 相談面接を援助関係づくりの端緒にする

4 感情へのアプローチは事実を引き出す

介護負担感の強いクライエントへの相談面接です。負担感の強い介護の具体的内容ではなく、そこにともなうクライエントの感情に先にアプローチすることで、面接で取り扱うべき内容が浮き彫りになってきます。クライエントの感情はなんらかの事実とつながっているからです。

Case

[ワーカー]
ケアマネジャー（居宅介護支援事業所・薬剤師）

[クライエント（主介護者）の状況]
Aさん（60代・女性・主介護者）
　まじめで几帳面な性格。美しいものが好きで、オリジナルの手芸品を製作するのが趣味。Bさんの介護をめぐって親戚といざこざがあり、その手前、介護を全うしたい気持ちがある。介護をすることで夫からも認められたいと思っている。経済状態は良いがBさんが金銭的な被害に遭ったため、お金のかかる施設入所は避けて自宅介護を続けたいと考えている。

[サービス利用者の状況]
Bさん（90歳・女性・要介護2）
　夫の死後、自宅でひとり暮らしをしていたが、数年前認知症を発症。金銭トラブルから財産を失う。長男夫妻に2年前に引き取られた。耳が遠く、ものわすれはあるものの、働き者で素直な性格。週3回デイサービスC園を、週2回デイケアD園を利用し、さらにショートステイを月5日程度利用している。デイサービスでは自宅に帰ることを怖がる様子が見られ、Aさんに遠慮して暮らしている。

[今回の訪問面接の位置づけ]
　かかわりの当初は、Aさんの介護負担感が非常に強く、電話で延々と介護のつらさを訴える。現在はやや落ち着いているが、定期的に訪問時間を2時間ほど確保し、じっくり話を聞くようにしている。

Interview

午後5時：ご自宅を訪問

Aさん：いらっしゃい。どうぞ入って。ステンドグラスに灯り入れてみたの。見てくれる？

ケアマネジャー（以下、CM）：Aさんこんにちは。おじゃまします。わー綺麗ですね。もみじの柄ですね、アールヌーボー調ですね。ご自分で作られたのですか？
（Aさんの好きな話題に水を向ける）

Aさん：好きなんですよ。これは自分で作ったステンドグラスなのよ。
（ステンドグラスについての話がしばらく続く）

CM：Aさんはセンスが良いからいろいろ上手にできていいですね。

Aさん：おばあちゃんと一緒にいると、目が充血して……。①

CM：目が充血されたというのは？

Aさん：ほら、左目の奥、いつもこんな感じなの。わかる？

CM：（目を見て）えー、わかります。赤くなっていますね。

Aさん：3、4か月に1回くらいなるんですけれど、病院に行くのは嫌いなので目薬で治しているの。おばあちゃんが来るまでは病気したことがなかったのに充血したり、②神経でしょうねー。うつのようになったり、不正出血があったり、血圧が200くらいに上ったり。来年の3月に主人と人間ドックの予約をしているから、そのときにみてもらおうと思うの。

CM：血圧の薬はE先生から出してもらっているのですよね。

Aさん：そう、そう。

Focus

この日の面接の導入部分で、最初にAさんから話題提供のあったステンドグラスの話にまずしっかりと耳を傾けることで、この訪問面接が、Aさん自身が話す時間として確保されていることをメッセージとして伝えることになりますね。

［下線①］のAさんの発言を受けて、どの言葉に着目して応答するかが大事なポイントとなりますね。「目の充血」の内容よりも、「おばあちゃんと一緒にいると」という言葉に反応することで、介護負担を受けとめる近道になったかもしれません。
⇒ 7 繰り返す

この場面では、ワーカーが「血圧の薬」について尋ね、その後しばらく薬の話が続いています。けれども、ここではAさんの［下線②］の発言に反応したかった場面です。たとえば、「おばあちゃんが来られてから、いろいろ具合が悪いところが出てきたのですね」と応答することで、介護と体の具合との関係に焦点づけができ、介護負担感にアプローチできるチャンスだっ

❹ 感情へのアプローチは事実を引き出す

PART Ⅲ 逐語で学ぶ相談面接技術

（Aさんが薬の情報を持ってくる。血圧の薬の話がしばらく続く）

CM：Bさんの様子はいかがですか？　Aさんを探されますか？

Aさん：探しますねー。朝は、私は自分の部屋に鍵をかけておばあちゃんに邪魔されないようにしているんですけど、ドアをガチャガチャして開けようとしますね。もちろんリビングなんかは自由にしてますけどね。おばあちゃんの方はねー、わからないんでしょうねー多分。洗濯物を干してくださいねと言ってもできないんですよ。時々自分の部屋もわからない。

CM：部屋もわからなくなりますか？③

Aさん：部屋も「どこだったかね？」って言うときがあります。洗濯物も、いつも（デイから）帰ってきたら（2階の）おばあさんの部屋のベランダに洗濯物を干してくださいって言うんですけどね、そこがわからないみたい。この前、遊園地におばあちゃんを連れて行ったんですよ。お嫁さんも行きたいって言うから孫も連れて4人で。

CM：F町に住んでらっしゃるお嫁さんですね、お孫さんのGちゃんも一緒に？

Aさん：そうそう。最初の1、2時間はよかったんですけどね。お昼頃から、「ちょっとお尋ねしますけど、わたしゃどうやって来たんでしょうか？どうやって帰ったらいいんでしょうか？」って何度も聞くんですよ。だから私、「それじゃあ、おばあさん。今日は誰と来られたん？」「……」「ここにはどうやって来られたん？」「……わからない」。それはもう何か月か前からおかしかったんですよー、動物園に行ったときも……。

CM：そうでしたねー。ご主人が——。

Aさん：（さえぎるように）だから、家で（2人で）

たように思います。
➡ 7 繰り返す
➡ 10 言い換える（気づき）
➡ 13 解釈する

技法的な細かいことですが、Aさんの「部屋もわからない」という発言の受け方としては、[下線③]のような「～か？」という疑問形の語尾で終えるよりも、「部屋もわからなくなっていらっしゃるんですね」と応答したほうが、きちんと理解して聞いていますよというメッセージとなって伝わります。
➡ 7 繰り返す

じっとしていると、大変なので外に出たんですけど、外に出ても同じことを言うのが……。④ この前、「今日はどこに行くん？」「9時ですよ。今日はC園ですよ」、また「今日はどこに行くん？」。それを3回ぐらい繰り返してカーッとなるから、紙に書いて渡すと「これはどういう意味？」と行くまでの間に何回も言うから、家にいたら大変なのかと遊園地に連れて行ったんだけれど、やっぱりなんか不安で「どうしたのか？」「いつ帰れるんか？」とかって。だけど……帰ってきてもわからないみたいなんですよ……家が。

CM：ここがどこかわからない？⑤

Aさん：「おばあさん、ここ家でしょう」と言ってもわからないですね。

（少し間がある）

CM：動物園に行かれたときも、ご主人が黒いサングラスをかけておられて怖がられたとおっしゃってましたねー。

Aさん：そうそう、わからない。でもねー、こちらに引き取ったときから私をいとこだと言っていましたからねえ。わかっているつもりでもわからないんだろうと思いますけど、その度合いがちょっとね、おかしいというか……。

CM：わからない度合いが進行しているんですね？⑥

Aさん：進行していますね。

CM：最近、H精神病院のI先生の所は行かれていますか？

Aさん：いえ、あのー、要るときだけ薬をお願いしますと言っています。だから何日かに1回あげて、毎日あげるとうつのようになるのであまりあげていないんです。だから週2回くらいしか飲ませていません。

CM：それは夕方飲ませる薬ですか？

Aさんは、〔下線④〕の最後の「……」の部分で何が言いたかったのでしょうね。ひょっとしたら、外でも同じことを言うことについて、Aさん自身の感情が表出しそうな場面であったかもしれません。タイミングが合えば、「外に出ても同じことをおっしゃるのが？」とその後の言葉を引き出すように投げかけてみてもよかったかもしれませんね。
➡ **15** 感情表出をうながす

〔下線③⑤⑥〕のワーカーの応答ですが、Aさんが言葉にされた事実について、きちんと焦点づけされようとしているのがわかります。けれども、さらに加えて、部屋もわからない、自分の家でもどこかわからない、わからない度合いが進行している、という事実に付随するAさんの感情にアプローチすることも大切ですね。たとえば、〔下線⑥〕の発言のあとに、「この先のことを考えるときっと不安にな

❹ 感情へのアプローチは事実を引き出す

Aさん：はい。

CM：ルーランですね。

Aさん：内科の先生からのお薬は毎朝飲ませています。

CM：アリセプトですね。

Aさん：薬は飲みなさいと言わないと飲めない。どうしたのか……。

（悩んでいる様子がうかがえる）

CM：そうですね、いままでは「飲んでね」と口で言うだけの指示で通じていたのが、今は通じない。飲み終わるまで確認して見てるんですね。見てないと飲んでいないことがあるんですね。

Aさん：この前も朝を食べて2階に上って、夜ゴソゴソしているせいかまた寝たりして。以前は、朝は起きて外を掃除したりしていたのに、この頃は掃除とかそういうことはほとんど手伝ってくれないんですよ。

CM：活動性が落ちているのですか？

Aさん：ええ、落ちてますね。それで、「してちょうだい」って言ってもしないから、「おばあちゃん好きなようにして」って言ったら、2階に上がってまた布団で寝てるんですよ。それでどうしたのって言うと、「いやいや今寝たばかりだから」と言う。それが毎日です。それで、時々薬の分包の文字をこうじっと見て確かめるんですよ。「朝？朝かなー」という感じで。まだ朝という字は読めると思うんですよ。で、自分でもおかしいなーと思っていて、たとえば外が暗くなっていれば普通だったら夜だとわかるわけなんですけど、それがもうおばあちゃんにはわからない。

CM：わからないんですね、今が朝なのか、夜なのか、わからない。

Aさん：でも時々びっくりすることがある。おばあ

られるでしょう」といった言葉をかけることで次の展開が一歩深まると思います。
⇒ 15 感情表出をうながす
⇒ 16 感情を表情で返す
⇒ 19 現在の感情を言葉で返す

ちゃん、C園が10時にお迎えに来られるからと言ったら、腕時計を見て、「あと1時間」と言ったりする。良い日はすごくいい。
CM：調子が良い日は物事がよくわかることがある。記憶は？⑦
Aさん：記憶は……1分前のことでもわからないですねー。
CM：そうですねー。
Aさん：記憶はもう……主人が時々早く会社に行くときに朝ごはんを皆で一緒に食べるんですが、2階に上ってまた降りてきて、「まだ早かったかな？」って言うから、今ご飯食べたでしょうって言うと、「あっ、そんな気もするわ」って。食べてないとは言わないんですよ。でも、自分でもおかしいと思うのか「なんかお腹いっぱいのような気がする」と言うのに、「まだ早かった？」と言うのは……。
CM：最初は忘れていて、朝ごはんまだかなって思って来て、それでAさんの表情とか言葉から、なんとなく自分が今言った言葉は間違いではないかなと気づいて取り繕うように。⑧
Aさん：そう、そう、そう、そう、そうします！おばあちゃんはそれは上手いんだと思います。近所の人に会っても「Bさんですか？」って言われたら、「まー、お久しぶりねー」と言って、もう話はその瞬間瞬間はすごく上手いですから。
CM：そう、上手ですよね。
Aさん：C園の人も、「普通に見えるんだけど、そういう人は多いんですよ」っておっしゃいますけど、本当にね、不思議なんですよ。たとえば、ベランダから一緒に部屋に入ったときに、私が直さなかったスリッパの向きをおばあさんがスッと直したことがあったんです。そういうところを見る

❹ 感情へのアプローチは事実を引き出す

これまでの会話では介護の大変さを訴える内容が続いていたなかで、ようやくプラス面が出てきた場面ですね。せっかくの機会なので、[下線⑦]のようにいきなり「記憶は？」と尋ねて、「1分前のことも…」というまたつらい展開に戻ってしまうよりも、「そんなときは、きっとほっとされるんでしょうね」と一言入れてもいい場面であったように思います。
➡ 7 繰り返す
➡ 15 感情表出をうながす

[下線⑧]では、Aさんがおっしゃったことを正確に要約して応答されていますね。すると、そのあとのAさんの発言が勢いづいているのがわかります。クライエントの発言をうながす典型的な用法です。
➡ 11 要約する

PART Ⅲ　逐語で学ぶ相談面接技術

とびっくりしてすごくうれしいんですよ。そうかと思うと、私の下着を着たり、私の綺麗な服を自分のタンスにしまったり、敷物の下に5つくらいセーターを入れておいたり。法事のとき、親戚の人がおばあちゃんを見て「大変ですね」って言われたんですけど、でもねー、腹が立つこともあるんですけど、おばあちゃんが可愛いと思うときも、そういう心っていうか、寄り添うような気持ちがちょっとあるんですよ今。前はそうじゃなくて、私の性格上きちんとしないといけないというのがあって……。

CM：Aさん、とてもまじめですからねー。⑨

Aさん：そう、そう、ダメなの。それを今気をつけて、ちょっと今は少し崩しているの。まあ、もともとの性格は直らないですけどね。この前、ズボンの下に寝巻きをはいて行って。いつも確かめているのに、確かめない日に限ってなんかそのパンツみたいなのが出てくるんですよ。もうすごい嫌だわって思うのは、おばあさんに対して嫌っていうのじゃなくて、C園の人に対して私の管理が行き届いてないのが恥ずかしいという気持ちになるんですよ。⑩だからあんなに気をつけているのに……。

CM：そうですね、全部が全部そんなに完璧にできないですよね。

Aさん：でも、いままではおばあちゃんが（デイに）行っている間は、ずっと寝たり起きたりって状態だったんですけど、最近はブローチを作ったりとか。見せてあげるね！
（急に声色が明るく生き生きとする。趣味の手作りの話が15分続く）

重度デイケアは助かります。やっぱり毎日でも行ってくれるから良かったんです。（私が）元気

［下線⑨］では、その直前のAさんの「性格上きちんとしないといけない」という発言を受けて対応しておられます。以前はこうだったということに反応する前に、Aさんが持ち出した今の気持ち、つまり「すごくうれしいんですよ」「可愛いと思うとき」「寄り添うような気持ち」という感情もあることを会話のなかでもう一度確認しておいてもよかったかもしれませんね。
➡ 15 感情表出をうながす
➡ 16 感情を表情で返す
➡ 17 感情表現を繰り返す
➡ 19 現在の感情を言葉で返す
➡ 21 アンビバレントな感情を取り扱う

Aさんの［下線⑩］は、とても意味のある発言ですね。今後の介護のあり方を考えていくうえで、大事なヒントがあるように思います。「きちんと介護されていないと思われるのが恥ずかしいというお気持ちがおありなのですね」と返してみるのも、ひとつのアプローチでしょう。
➡ 17 感情表現を繰り返す
➡ 19 現在の感情を言葉で返す

になったから大丈夫だと思って1日2人でいっしょにいたらぐったりしましたからね。

CM：そうでしょうね、いっしょにおられるとつらいでしょうねー。

Aさん：きついです。ニコニコ笑ってしてあげるようにしても、最後にはもういいかげんにして！って気分になります。でも嫌だと思ったらどんどん嫌になるから、病気だからしかたないかなーと思うんだけど、でも時々イライラッとすることがあるんですよ。

CM：頭ではわかっていても、気持ちがもう生理的に許せないこともありますよねー。⑪

Aさん：そうそうそう、わかっていてもねー。でも私は昔からいろいろなことがあっても、それとこれとは別という考え方で（介護）しているから、おばあちゃんが反抗してもなんとかやってこれたと思うんですよ。主人も私がすごく大げさに言っていると思っていた。本当につらかったから、泣いて訴えたことがあったんですよ。そうするうちに、だんだん主人のいるときにも（おかしな言動や行動が）出てくるようになってきたからわかったんですけどね。でも、自分の親だからもうちょっとみてって思うんだけど、男の人はそんなに面倒みようというのはないですね。私がとっととっとやるから……。主人に迷惑かけないようにショートステイを利用したりするんですよ。3日くらい介護をしたら私の苦労もわかると思うけど。まぁ男の人にしてもらうというのは難しいですね。この年代の人は……。

CM：えー、たぶんAさんがされ過ぎるから……。

Aさん：そう。それと主人はJ家では殿様のように扱われていたから、それが当たり前。また会社での地位があるから……。

❹ 感情へのアプローチは事実を引き出す

[下線⑪]では、言い換えの技法を適切なタイミングで用いられています。またそこに「生理的に許せない」という感情表現を重ねることで、より効果的になっています。
➡ 10 言い換える（気づき）
➡ 19 現在の感情を言葉で返す
➡ 20 過去の感情を言葉で返す

（会社の話が10分間続く）

主人も仕事が大変なので、なるべく私が自分でやろうという気持ちでやってたから、ちょっとダメだったのね。

ＣＭ：かかえこみ過ぎましたねー。

Ａさん：誰にも不満は言うまいと我慢してきたから体がもう……。この目も、友達も介護で目をやられました。それぐらい大変よって友達が言っていたにもかかわらず、自分がなって初めてその気持ちがわかったんです。

（友人の介護の話が続く）

前に比べると、今はもう洗い物の手伝いもしてくれなくなったし、そのほうが生ゴミを変なところに置いたりしないから助かるんですけど、どっかよそに連れて行くと不安で不安で、私の腕をぎゅっとつかんで、ずっと私と一緒にいるし、この家で一緒に住んでいるのに私が誰かわからない、主人がわからない。少しずつわからなくなってきて、トイレも流さないですから、便が出たかどうかはわかるようになりました。

ＣＭ：便は毎日出てますか？

Ａさん：毎日ではないかもしれないけれど、ほとんど毎日出ています。

ＣＭ：Ａさんがお食事にはとても気をつけていらっしゃるので栄養状態はとても良いし、水分もよく差し上げているので、便秘もあまりないということですね。

Ａさん：<u>内臓はどこも悪くない、風邪もこちらに来てからひいていない、私は調子が悪いですけど。</u>⑫

ＣＭ：健康管理はばっちりですね。

Ａさん：（我が意を得たりといった感じで）健康管理はばっちりですよ！！　もう何品目もたくさん、朝もおひたしとか、煮物とか、お肉は週2回、

［下線⑫］のＡさんの発言には、2つのメッセージが含まれています。つまり、「しっかり介護しています」ということと「介護がつらい」という内容です。ここでのワーカーさんは、前者の「しっかり介護しています」という内容に反応されています。それ

お魚はそれ以外の日に決めて。それに関してはおばあさん幸せよって感じです。おばあさんは何が幸せかわからないでしょうけれど……。

CM：健康状態は良い。記憶しておくことは難しい。「洗濯を取り入れてください」という言葉が理解できなかったり、指示されたことが理解できなかったり、そばについて一緒にすればできるけれども自分で考えて手順を踏んですることができない。

Aさん：洗濯の干し方はもうむちゃくちゃです。でもそれを全然してもらわなかったら何もできなくなるから……。

CM：できなくても役割をもたせるためにされているんですね。

Aさん：今思うのは、できないこともあるけれど歩けるだけでも幸せ、そういう考え方なんですよ。今はそういう気持ちになれるんですよ。おばあさんは、いけないところもあるけど良いところもあると。徘徊はないし、ご飯も気をつけているから、おばあさんと主人が2人で法事に行ったときはお饅頭を食べすぎてお腹をこわしたけど、私がいればそんなことにはならないし。お薬も、少し忘れることもあるけど管理しているし。

（薬の話からAさんの血圧の話の相談が10分間続く）

昔はきちんとしようと食事の時間も決めていたけれど、今は食べたいときに一緒に食べればいい、お風呂も一日ぐらい入らなくてもいいという、おおらかな気持ちで暮らしています。

CM：今日はいろいろな話をありがとうございました。Aさんの気持ちを聞かせていただいてよかったです。前にも言ったかもしれませんが、介護は大勢の肩に分担して担いだほうが楽だと思うんで

に加えて、「でも、相当無理されておられるんでしょう」という具合に、両方のメッセージに応じることで、次にAさんがよりふれてほしいどちらかの内容を選ぶ機会を提供することができます。

⇒ 21 アンビバレントな感情を取り扱う

❹ 感情へのアプローチは事実を引き出す

す。微力ですが私もおりますし、デイケアの相談員さんもおられますし、どうか気軽に相談してください。長時間お邪魔いたしました。ご無理のないように。

Aさん：長くお引止めしてごめんなさい。暗くなりましたから気をつけて帰ってね。

Advice

　忙しいケアマネジャーの日常業務において、介護負担感の強いAさんの話を聴くために、2時間の訪問時間を確保され、逐語録からも共感的かつ丁寧に傾聴しようという姿勢がうかがえます。

　介護負担感の強いクライエントに対するアプローチには、結果としてのケアの中身ではなく介護そのものの過程をワーカーが認めていくこと、そしてその過程に生じる感情をしっかりと受けとめていくことが大切です。

　Aさんも「認めてほしい」「つらさをわかってほしい」という強い思いが全体的にうがかえます。そこへのアプローチがもう少し的確にできていれば、効果的かつ効率的に面接過程が進んだのではないかと思います。つまり、介護上で生起している事象ではなく、それにともなうAさんの感情に先にアプローチするということです。その感情への接近は、ここで取り扱うべき事実を引っ張り出してくれます。なぜなら、クライエントに直接関係するすべての事実にはなんらかの感情がともなっているからです。感情へのアプローチは、共感や受容のためだけでなく、きちんと事実を取り扱うためにも不可欠です。

5 情報収集から本質的な援助に向けて展開する

ケアマネジャーに求められるモニタリングの作業を適切に実施する一方で、クライエントの本質的不安や葛藤にアプローチするという視点も必要です。サービスをやんわりと拒否されるクライエントの内面から発信されるメッセージを受け取ってみてください。

Case

[ワーカー]
ケアマネジャー（居宅介護支援事業所・看護師）

[クライエントの状況]
Aさん（76歳・男性・独居・要介護1）

　緑内障で手術を受け、現在視力が回復しつつある。以前から自律神経失調症のために服薬していた。

　緑内障の手術時と退院後、服薬を中止したため、体調が崩れ寝てばかりいた。そのため腰痛が悪化し、食事も満足にとれず、知人に買ってきてもらったお惣菜ばかり食べていた。その知人からケアプランの相談を受けた。

　弟夫婦が同市内に住んでおり、時々訪問して支援してくれている。

[今回の訪問面接の位置づけ]
　初回は在宅介護支援センターのソーシャルワーカーと同行訪問、配食サービスの申請、生活援助で訪問介護をすぐに開始した。

　今回は、初回訪問で取りきれなかった情報収集と配食サービス・訪問介護のモニタリングのために訪問面接を行った。

Interview

午前10時：ご自宅を訪問

ケアマネジャー（以下、CM）：こんにちは。
（居間に入ると、Aさんは布団に座り笑顔で迎えてくれる）
顔色がいいですね。

Aさん：んだんだわ、太ったし。なんぼ食べても太んなかったけどね、ここんとこ、食べらさんだよね、だから、ほれ、便でないんだよね。

CM：食べらさるけれど、便でない？

Aさん：漢方薬（整腸剤）もらって飲んでんだよね。たまには（便）出るんだけどね。

CM：1日1回？

Aさん：いや、1日1回は出ないんだよね。

CM：2～3日に1回？

Aさん：そうだね。腰、なしてこんなになったべ、と思ったりしてね。
（便秘から腰の話になったので、それが原因とAさんが思っているのか確認をする）

CM：腰のせいで便秘になる感じ？ ①

Aさん：そうかもしれないね。前出てたんだけど。

CM：漢方薬飲むといくらか出る？

Aさん：そうそう出るね。

CM：あまり動かないせいもあるかもしれないね。

Aさん：そうそう。4kgだか増えたんだ、一貫目だね、腕太くなったでしょ。

CM：そうだね、太くなった、太くなった。（と腕をとってさわる）

Aさん：ねえ～、前はがらがらだった。

CM：食事は食べるにいいの？（ちゃんと食べられている？）

Aさん：食事は、ねぇ美味しく食べれるんだわ。

Focus

この場面では、便秘の話からやや唐突にAさんが腰の話を持ち出しています。このような場合、本人の強いメッセージや訴えが含まれていることがあります。この場面でのワーカーさんは、[下線①]のように、これまでの経緯をふまえて「便秘と腰痛との関係」を明確にしようとしています。これも援助者として必要なアプローチですが、この場面では「腰の具合を気にされているのですね」と便秘と腰痛とを一度切り離した問いかけをすることで、よりAさん本人の側に軸を置いた面接の流れをつくることができたかもしれませんね。

⇒ 7 繰り返す

CM：お弁当のほうはどう？
（在宅介護支援センター経由で配食サービスを開始したので確認した）
Aさん：全部食べてるよ、助かってんだわ。
CM：このまま続けていても大丈夫？②
Aさん：このまま続けたいと思います。
CM：わかりました。
Aさん：（配食サービス継続を）お願いできますか、わしとってもできないもん。病院でも全部食べてたんだわ。ここにいれば、朝、少しそこらへん歩こうと思うんだけど、歩くとこないでしょ。家の中を歩くにしても、狭いし、足が弱っているし。
CM：外も少し歩けてる？
Aさん：歩くようにしててね。
CM：うん、いいことだ。
Aさん：ここ（家の周り）ね、でもあんまり歩けない。
CM：あんまり遠くに行くと車も多いし……。
Aさん：いやいや、遠くまで歩けないから、前だけね。ほれ、朝、外の空気吸わないとね。
CM：朝の空気はおいしいものね。
Aさん：そうそう。入院してたとき、駅が近くって朝になれば（汽車の）ボーという音で、びっくりして目さめるんだ。そうすれば看護婦さんが謝りにくるんだ。
CM：B眼科？　駅に近いものね。
Aさん：んだの。
CM：あれ、B眼科は今2週間に1回通院してた？
Aさん：あのね、手術したときは週に1回来いって言われてたの。今は、薬がなくなったらおいでって言われてるの。たけどまだね、顔は洗ってない、拭くだけ。髪も髪さん（美容室）で、ほれ、目に入れば駄目だから。
CM：うん、うん、美容室で洗ってるのね、目に入

この場面では、[下線②]の問いかけによって、ワーカーさんは配食サービスの継続の意思確認をしようとしています。この直前のAさんの「全部食べてるよ、助かってんだわ」という発言に対して、たとえば「配食サービスはお役に立てているようですね」と応答し、そこから話を展開することによって、ワーカーにうながされるかたちでの形式的な同意ではなく、本人のなかで継続への意思を明確にすることになります。サービス継続の意思確認であっても、こうしたステップを丁寧に踏むことが大切です。

➡ 8 言い換える（関心）

❺ 情報収集から本質的な援助に向けて展開する

ると駄目だからね。
Aさん：先週、(B眼科の) 先生に会えなかったから。
CM：手術日だったからね。
Aさん：今度先生に聞こうかと思って。
CM：うん、髪を洗っていいかどうかね。
Aさん：そうそう。シャワーなんだけどね、長くも入っていられないんだ。
CM：一人で入っているの？
Aさん：そんだ、ゆっくりイスに座って。洗濯はヘルパーさんがやってけっから。時々来て手伝ってくれんだ。頼むって言えば、あーいいってやってけんだ。あの人たち車だからね。
CM：弟の嫁さんのこと？
Aさん：んだ。たまに心配してね、電話よこすんだ。
CM：<u>そう。</u>③
Aさん：おかげさんで目も少し見えるようになってきた。前だと暗くてぼやっとしてた。
CM：少し明るくなった？
Aさん：んだの、先生ももう少し頑張ろうねって。そして、今度白内障がくるぞって。
CM：今、緑内障がよくなったら、白内障？
Aさん：だから、先生が必ず病院は通えって、先生経験豊富で混んでんだ。先生、顔色もよくなったって。
CM：本当に顔色はよくなったね、腰はどう？
Aさん：朝はようやく立ち上がる。ほれ、立てないんだわ。
CM：トイレは洋式だったかしら？
Aさん：洋式、洋式。
CM：それだと、立ち上がるときは大丈夫？
Aさん：大丈夫なんだわ。ほれ、こうやって時間がかかるから、朝はゆっくりやんなきゃ駄目なんだわ。立ってしまうまでがゆるくない（大変な）ん

［下線③］では、ワーカーさんは短く応答していますが、この場面では、たとえば「弟さんのお嫁さんも心配されているんですね」と繰り返しの技法を用いて応答することで、本人の親族との距離感や感情などがもう少し明らかにできたかもしれませんね。
➡ 7 繰り返す
➡ 8 言い換える（関心）

だわ。

CM：これね、このまま（マットレス）のほうがいいんでしょう？　ベッドじゃあ駄目なんでしょう。

（Aさんは居間の床に直接、マットレスと布団を敷いて寝起きしている。日当たりは良好。風通しもよい）

Aさん：ベッドのほうがいいんだって言うんだよね、あの人（在宅介護支援センターのCさん）ね。

CM：四つんばいになって起き上がっているんだよね。

Aさん：んだの。

（実際に起き上がってくれる、肩に力が入っている様子がわかる。肩を触りながら声をかける）

CM：ほら、ここ（肩）が力入っているでしょう。

Aさん：んだの、ここに力が入るんだ。（と言いながら、テーブルに手をつき体を起こす）ようやってここにつかまってトイレに行くんだわ。起きてしまえば楽だから、なるべく起きているようにしてるんだ。

（起きたついでにトイレに行く。洋式であることを確認。手すりの設置場所・段差も確認）

また、寝てしまうんだわ。寝てたほうが目薬さしやすいんだわ。（と布団に横になる）

CM：Aさん、介護保険でベッド借りられるから、腰と目の調子がよくなるまで借りてみる？

Aさん：どのくらいかかるんですか？

CM：高さ調整の機能が付いているベッドとマットレスと、起き上がりのときにつかまれるよう、手すり（サイドバー）をつけて12,500円かかるけれど、Aさんが支払うのはその1割で1,250円くらいかな。

Aさん：いいの、いいの、このマットレスの支払い

❺ 情報収集から本質的な援助に向けて展開する

ワーカーは本人の状況から判断して、ベッドを借りてはどうかと勧めますが、Aさんは支払いやマットレスのことを理由に断ろうとしています。こうした場合、しこりを残さずに、次につながる収束のさせ方が面接のポイントとなります。この場面では、ワーカーさんは［下線④］のように「もう少し様子みる？」という絶妙な落としどころを設定しています。ワーカーとしては、その一方で、この一連の本人

PART Ⅲ　逐語で学ぶ相談面接技術　155

もまだあるし。これ（マットレス）ね、あったかくなるんだわ、冬になるとタイマー使ってね。あったかくして寝るんだ。

CM：ベッド借りて、このマットレス使うこともできるよ。

Aさん：う……ん、それでもね、これでできるし。

CM：<u>それじゃあ、もう少し様子みる？</u>④

Aさん：うん、うん、様子みるわ。

CM：整形は、Dさんだった？

Aさん：そうそうDさん、そして、サロンパスいっぱいもらってんの。

CM：見てもいい？

（処方袋に入っているD整形外科病院の湿布を確認）

Aさんも、いろいろ病院にかかっているからね。

Aさん：んだの、鼻にもかかってるし。

CM：D整形には、1週間に1回通院？

Aさん：いや、2週間にね、1回だけどね、あれほれ、1か月分くれないんだわ。耳鼻科は1か月分くれんだけどさ。

CM：E耳鼻科ね。

Aさん：(D整形の湿布を) 頼んで取りに行ってもらってんのさ、弟夫婦とかさ。わし行けないからさ。

CM：湿布だけもらってんの？

Aさん：湿布だけさ。前にF病院の整形に通って骨粗鬆症といわれて薬飲んだんだけど吐いたさ、あまり強くて。

CM：強くて吐いたの？

Aさん：んだの、今いい薬あるっていうけどね、飲めないんですよ。

CM：整形から薬はもらってないの？

Aさん：もらってないんだわ、ほら売薬で売ってんでしょ。何だか（名前）ってわかんないけど、今

の反応から、支払いやマットレスの奥に何か気のすすまない本質的な理由があるのではないかと考察しておくことも大切です。

ここにない。
CM：薬局から買ったの？
Aさん：友だちから買ったんだわ。今年ね。今度また持ってきたら見せるわ。
CM：今はD整形に行ってない？
Aさん：湿布だけもらって、事情話してるから（目の手術をして安静にしているということ）。事情話したらね、治ったら来てちょうだいって。
CM：腰、つらそうですね。
Aさん：ん、少しずつね良くなってっから。ほれ、ヘルパーさんにいろいろやってもらってからね、トイレの掃除とか。<u>今だら、とっても自分でできないから、目も見えないし、腰も痛いし。無理すれば、すぐこうだもの。</u>⑤
CM：うん、うん。
Aさん：<u>結局全部から、来てんだよね。</u>⑥
CM：腰つらそうだけど、1週間に1回入浴できてる？（前回聞いていたので、入浴状況をモニタリング）
Aさん：シャワーでね、しゃしゃしゃーとね、負担くるからね、目にくるから。目に（水が）入れば、あれだからね。髪さん（美容室）には、1週間に1回は行けないから、汗が出てかゆくなったらハイヤーで行くんわ。そこは安いですよ、あれあれ、あそこさ。
CM：タクシーだとお金がかかるね。
Aさん：550円で行くんだわ、2週間に1回くらいだから。
CM：G病院とかE耳鼻科とかにはタクシーで？
Aさん：薬だけだから頼んでんだわ。目だけは、B病院には、どうしても通わなきゃ駄目だから。
CM：美容室で腰は痛くない？
Aさん：痛いけど、なるべく短い時間でしてもらっ

❺ 情報収集から本質的な援助に向けて展開する

このAさんの［下線⑤］の言葉からメッセージとして何を受けとるかが大切です。ワーカーは腰の話を再度持ち出しましたが、その後の［下線⑥］の「結局全部から、来てんだよね」という発言からも示唆されるように、「つらいのは腰だけではなくいろいろあるんだ」という気持ちを伝えたかったのではないでしょうか。ですから、「うん、うん」だけではなく、「目や腰もいろいろつらいんですね」と応答することで、本人の側からみたニーズが引き出される面接の流れになったかもしれませんね。
⇒ 2 うなずく
⇒ 7 繰り返す
⇒ 8 言い換える（関心）
⇒ 10 言い換える（気づき）

から。腰いいときは、いいのさ、そのときに行くんだわ。あっちまで歩きたいなぁと思ってもおっかなくて（不安で）行けないもんね。遠くでなく、ここらへん歩くんだ。

CM：デイサービスでお風呂とかは、どう？

Aさん：行くかなぁと思ったんだけど、腰痛いから無理だなぁと思うんだ。

CM：自宅で腰の調子に合わせて入ったほうがいい？

Aさん：んだんだよね、やっぱりうちのほうがいいもんね。病院からもお風呂どうすんだと言われたし、（在宅介護支援センターの）Cさんからもデイサービス行ったらと言われてんだ。

CM：ああ、デイサービスって言っていた？

Aさん：んん、どうって言ってたんだ、わしもそのつもりでいたんだ。Hさんが行ってっから聞いてみたんだ。

CM：Hさんて隣の人？

Aさん：んだんだ。あの人は心臓だから腰もなんもね、だからやって（デイサービスに通って）もらってんだ。一緒に行こうって言ってけだけども、今は駄目だわって言ったんだ。Cさんも、それだらうち（家）のほうがいいわって。<u>家だら、はってでも自分でできるし、ゆっくりね</u>。⑦

CM：じゃあ、もう少し腰の調子がよくなってきたらデイサービスに行くようにしますか？

Aさん：ん、そうすっから。

（後略）

（数日後、Aさんはヘルパーをとおして、ベッドレンタルを希望してきた。レンタル業者と連絡をとり、訪問することにしている。）

この場面でも、ワーカーがデイサービスを勧めようとしますが、Aさんは腰痛を理由にやんわりと断っています。ワーカーは、「もう少しよくなってきたら」とその場を収めようとしています。大切なことは、会話のなかで、本質的な理由が見えた一瞬を逃さないことです。この場面であれば、本人の［下線⑦］の発言は、とてもメッセージ性が強いように思えます。この発言を受けて、「時間がかかっても自分でされたいのですね」といった応答も考えられますね。このことによって、次のサービスの展開について考える重要なヒントが得られたかもしれない場面です。

➡ ⑨ 言い換える（展開）
➡ ⑩ 言い換える（気づき）
➡ ⑬ 解釈する

Advice

　ケアマネジャーにとってサービス導入後初めてのモニタリング訪問は、今後の援助内容を方向づけるうえできわめて大きな意味をもちます。この事例では、便秘、食事、配食サービス、各種通院、目の状態、入浴、親族との関係、腰痛、トイレ、服薬、ベッドのレンタルとデイサービスの利用意向といった多くの情報が取り扱われています。全体をとおして、ワーカーが必要な情報を把握しつつ、Aさんの意向を尊重しながらサービスの提案をされている姿勢が伝わってきます。

　情報の収集、サービスの提案や導入を円滑にすることはもちろん大切ですが、ワーカーはその作業をとおして本人の内的葛藤や今もっとも気がかりなことなどにアプローチしていくことが求められます。

　この面接過程では、ワーカーが2度にわたってサービスの提案（ベッドとデイサービス）をしていますが、Aさんはいずれも断っています。サービスの提案をしたことが失敗であったのではなく、この過程は本質的な援助への扉を開くチャンスであったという意識が大切です。［下線⑦］の発言をどのように解釈するかが援助者に問われますね。「時間をかけても自分でできなくなる状況」に向けた長い援助がこれから始まるように思います。

　Aさんは、面接場面では断ったベッドのレンタルを希望されたとのこと。この変化には、何かの内的変化やメッセージが含まれているように思います。次の面接では、そこにアプローチできればいいですね。きっと次の展開につながる情報が得られると思います。

❺ 情報収集から本質的な援助に向けて展開する

⑥「気づき」に歩調を合わせて洞察を深める

スーパービジョンとして実施された面接場面です。
クライエント(スーパーバイジー)の悩みの根源はどこにあるのでしょうか。
スーパーバイザーとしてそこに接近するためには
どのように面接を展開すればよいのでしょうか。

Case

[ワーカー]
ソーシャルワーカー(地域包括支援センター・社会福祉士)

[事例について]
　地域包括支援センター(以下、包括センター)が開設されてから、他法人の在宅介護支援センター(以下、在支)の相談員やケアマネジャーからケース相談を受けることが大変多くなった。
　この逐語録は、支援の方向性や支援の方法について何度も相談に来ていた在支の相談員と、窓口相談だけでは不安や悩みが解消されないために、2回にわたって同行訪問したスーパービジョンの事例である。

[クライエント(スーパーバイジー)]
A相談員(在宅介護支援センター相談員・社会福祉士・相談援助歴1年)

[登場人物]
Bさん(76歳・女性・介護保険未申請(Aさんの担当ケース))
Cさん(近所の世話好きな70代の女性、Bさんとは毎日会っていて古いつきあい)

[Bさんの状況]
　5年前に夫を亡くして独居となる。夫の生前から認知症様の症状はあるが、確定診断は受けていない。現在、ADLは自立している。IADLはきちんとできているとはいえないが、自分でなんとか行っている。室内は散らかり、床はベタベタ、四方の壁には高く荷物が積まれた状態である(夫の生前から室内の様子は今と同じような状況)。しかし、たくさんの観葉植物を上手に育てている。夫の墓参りが毎

日の日課。3年前まで娘さん（50代前半）も近所に住んでいたが、現在は隣接する他市に転居している。

[A相談員（スーパーバイジー）の相談内容]
「現状を見守るだけでよいのか。なんとかヘルパー派遣に結びつけられないか、同行訪問し、現状を見て相談にのってほしい」と同行訪問（2度目）の依頼があった。

[これまでの経緯]
　独居のBさんを定期的に訪問しているA相談員は、今後のBさんの支援の方向性がわからず不安に思い、包括センターに時々相談に来ていた。4か月前にも包括センター職員へ同行訪問の依頼があり、ソーシャルワーカーが同行訪問した。その際、娘さんを交えたカンファレンスを開き、Bさんの現状の生活の様子を確認し、役割分担として、娘さんは金銭管理、在支は定期訪問による見守りを行うことになった。同時に「介護保険を申請してヘルパーを利用してはどうか」と勧めたが、本人・娘さんともに現状の生活で困っていないため拒否し、「現状を見守る」という支援方針となった。
　Bさんの近所に住むCさんとA相談員は顔見知りの関係になっており、A相談員がBさん宅に訪問すると、ほぼ必ずCさんから声をかけられ、Cさん宅に寄って最近のBさんの状況についてのお話をうかがう習慣になっている。
　2度目の同行訪問終了後に立ち寄ったCさん宅では、次のような話をうかがった。「Bさんの娘は、（Bさんが）『お金がない』って連絡をすると、Bさんがいないときにそっと来て、タンスの上にお金を置いていくだけだ。『娘に会ってない』ってBさん言ってたよ。かわいそうに……。娘が近所に住んでいたときは、娘の家も汚くて困ったもんだった。そんなんだから近所との付き合いもまったくなかったよ。この間もBさんに『毎日暇なんだから、少しぐらい部屋の掃除しろ』って言ってやったんだ。そしたら『私、掃除は嫌いなの』って言うんだよ。まったくあきれたね〜。それでどうだった？　ヘルパー使うって言ってたか？　まあ、心配しなくていいよ。毎日、私ら様子見てんだからさ」

Interview

[2度目の同行訪問後、A相談員（スーパーバイジー）と訪問結果について話し合う]

包括センターソーシャルワーカー（以下、SW）：
今日訪問してみてどうだった？

A相談員：……。

SW：どんなふうに感じた？

A相談員：……娘さんが来ていますね。……床は相変わらず汚くてベタベタしていたけど、少し掃除もしていった感じがします。冷蔵庫も少し片づいていた感じで。けど……。

SW：<u>……けど、やはりBさんの生活ぶりが心配？</u>①

A相談員：心配というか……。娘さんももっときちんと掃除もしてあげればいいのに……。<u>あれじゃあ……。</u>②

（やはりきれいに環境を整えたいのだろうか？　Aさんは何に困っているのだろう）

SW：Cさんが娘さんの前の生活ぶりを教えてくれたね。娘さんって掃除得意？

A相談員：そう（得意じゃない）なんだけど……。

SW：Bさんの若い頃はどんな生活だったと思う？

A相談員：たぶん若い頃から今とそんなに変わらないような生活環境だったかなとは思います。

SW：部屋が汚くて困っていると思っているのは、<u>誰かな？</u>③

A相談員：ん、Cさん……？

SW：そうだね、娘さんも認知症になる前の生活とそう変わっていないと思っているから、ヘルパーさんが必要だとは思えないし、もちろんBさんは必要性を感じてはいないよね。

A相談員：……。

（追いつめてしまったか？　話を変えよう）

Focus

[下線①]では、スーパーバイザー（以下、「バイザー」）さんがAさんの「けど……」という言葉を拾って、問いかけをされています。確かに、「けど……」に続くAさんの言葉を直接引き出したい場面です。そのためにも、「心配？」まで言わずに、「けど……、どんな感じなのかな？」と尋ねたほうが、Aさん自身の言葉を引き出せたかもしれませんね。そのあとの「あれじゃあ……」とおっしゃった[下線②]の場面も、「あれじゃあ……、どんな感じがするのか聞かせてくれる？」という具合に、そのまま続けて話していいんだよ、というメッセージを送りたい場面です。

➡ 5 開かれた質問をする
➡ 7 繰り返す

[下線③]の質問は、このスーパービジョン過程においてとても有意義な内容であるように思います。ただ、Aさん自身がこの質問を受けて次の「気づき」のレベルに進める段階ではなかったために、空振りに終わってしまった感じですね。Aさんの「気づき」のタイミングと合えば、ぐっと考察を深める質問となったことでしょう。

➡ 5 開かれた質問をする
➡ 10 言い換える（気づき）

ＳＷ：Ａさんは、近所のＣさんとも信頼関係がしっかりできているね。ＡさんのことをＣさんは頼りにしているみたいだね。

Ａ相談員：ええ……。

（頼りなく答えるが否定はしない）

ＳＷ：地道に訪問続けているから、近所の世話役のＣさんからも信頼され、最近の生活ぶりやＣさんの気持ちを教えてくれるんじゃない。頑張ってきたからじゃない。④こんなふうに近所の人と一緒にＢさんを見守れる関係になったってことは、すごいことだよね。

Ａ相談員：Ｃさん、必ず私の姿を見ると「ちょっと寄って行け」って。Ｃさんも最近繰り返しの発言多いし、Ｂさんの面倒をみることはＣさん自身のためにもいいと思うんです。

ＳＷ：そうだね。そのとおりだと思うよ。

Ａ相談員：Ｂさん、このままでよいのでしょうか？

ＳＷ：どこが心配？　娘さんも時々来てくれているし、近所の方たちも見守ってくれているみたいだし、このまま私たちも見守っていていいような気がするなあ。

Ａ相談員：やっぱり早くヘルパーさんとか入れなくてよいのでしょうか？

（とか？　なんで「とか」なんだろう？）

ＳＷ：なんでそう思うのかな？

Ａ相談員：なんでって……。汚いし……見守ってほしいんです。

ＳＷ：民生委員さんも訪問しているし、この地域はご近所ネットワークはとてもいいし、見守り体制はとてもいいと思うけどなあ。

（Ａさんは少しうつむきながら、思い切って吐き出すように）

Ａ相談員：……私いつまで担当するのだろう。Ｂさ

言葉が少ないＡさんに向けて、スーパーバイザーが評価していることを積極的に伝えようとされています。この発言を受けて、Ａさんが自分の言葉で話しはじめています。面接の過程は、まずクライエントに話してもらうことから展開していきます。
➡ 8 言い換える（関心）
➡ 11 要約する

❻「気づき」に歩調を合わせて洞察を深める

Ａさんが思い切っておっしゃっ

ん見守るの負担なんです。⑤
（そうか、これが言いたかったんだ。やっとわかった）

Ａ相談員：Ｂさん何のサービスも使ってないから、専門職でかかわっているのは私だけじゃないですか。自転車で動きまわるし、何かあったらどうしよう。ヘルパーさんが入れば、相談もできるし、もっと様子が詳しくわかるかなって思うんです……。

ＳＷ：そうか、一人で担当していて負担だったんだね。⑥

Ａ相談員：……。
（支援センターの相談員の仕事をどう感じているか、もう少し聞いてみたいけれども、今回はここまですでにかなりの時間をかけているため、その点にはふれずに、こちらから少し話を誘導してみよう）

ＳＷ：どんなところが負担に思う？

Ａ相談員：Ｂさんがなんらかの事故に遭ったとき、責任とれないし……。⑦

ＳＷ：支援センターの相談員はＢさんの生活の全責任をとるのかな？

Ａ相談員：とれません。⑧

ＳＷ：そうだよ。とらなくていいんだよ。Ｂさんには、時々しか来てくれていないかもしれないけど、娘さんがいるね。Ａさんにとっては頼りない存在かもしれないけど、今までもカンファレンスにも参加してくれたし、いいかげんだけどお金の管理をしながら時々訪問してくれているんだよね。カンファレンスでも現状の共有をみんなでして、今は見守っていこうと決めたんだよね。

Ａ相談員：はい。⑨

ＳＷ：Ｂさんの生活は、一般的にはよい環境ではな

た［下線⑤］の発言は、前回の同行訪問を含めて、バイザーさんのこれまでのＡさんへの働きかけの成果として引き出せたものだと思います。Ａさん自身がこの言葉を発言されたところにとても意味がありますね。今後のスーパービジョンの内容や方向を決める意味ある発言です。［下線⑥］では、バイザーさんがきちんとＡさんの発言を受けとめようとされています。
➡ **19** 現在の感情を言葉で返す

Ａさんの［下線⑧⑨⑩］の応答をめぐるやりとりをみると、バイザーさんの問いかけが他の回答の余地がない質問のしかたになっている点が気になります。たとえば、［下線⑦］の「責任とれないし……」というＡさんの発言を受けて、ＳＷさんが「生活の全責任をとるのかな」と、「全」を付けて問いかけることで、結果的に［下線⑧］のように「とれません」としか答えようがないように追い詰めてしまった感があります。こうした働きかけを重ねると、Ａさんの気づきのプロセスを阻んでしまう可能性があります。
➡ **6** 閉じられた質問をする

いけど、認知症がありながらも、毎日自分の望む気ままな独居生活をしているんじゃないかな？

A相談員：そうです。⑩　Bさんはあそこでひとり暮らしを続けたいと思っているんです。その気持ちに添って支援していこうと思っています。

SW：そうだよね。そこが大切だよね。Bさんの生活には今すぐ介入するような問題や生命の危機がないのだから、ご近所ネットワークから情報収集をしながら、娘さんの支援で生活することを、支援センターの相談員として専門的な視点をもって見守っていけばいいのではないかな？

A相談員：介入。介入のタイミングがわからない。⑪

SW：介入のタイミングってたしかに難しいよね。この地域のBさんを見守るご近所ネットワークはCさんを中心にできているよね。生活の変化の情報は、Cさんを通じてすぐAさんに入ってきそうだね。

A相談員：はい。すぐ電話がかかってくると思います。

SW：そうだね。そのときに今日みたいに訪問して専門的視点で状況確認し、危険な状態かどうか判断していけばいいんじゃないかな。そして、Aさん一人では訪問して判断できないと思ったら、今回みたいに包括センターへ同行訪問依頼に来たらいいんだよ。

A相談員：はい。

SW：今日も一緒に訪問して、Bさんの生活確認してきたじゃない。これからもこれでいいんじゃないかな？　一人で今の状況がアセスメントできないと不安に思ったときは、また一緒に訪問して生活状況をアセスメントしようよ。

A相談員：え！　また一緒に行ってもらっていいんですか？

SW：もちろんだよ。ただ、まずはAさんの支援セ

❻「気づき」に歩調を合わせて洞察を深める

Aさんの［下線⑪］の発言は、その前の「専門的な視点をもって」というワーカーさんの問いかけに反応されたものですね。ここに反応されたということは、今後のスーパービジョンの内容や方向性に示唆を与えるヒントになるように思います。

ンターの中で相談してみたらどうかな？　それでも解決できなかったら、また一緒に状況確認しに行こうよ。
A相談員：……はい。なんか……ん……わかりました。別のケースも一緒に行ってくれますか？
SW：地域の困難事例は一緒に考えようね。
A相談員：はい。ちょっと楽になりました。ありがとうございました。

Advice

　他事業所の職員さんへのスーパービジョンという立場的、時間的、場面的にも制約のある状況でありながら、スーパーバイザーがAさんときちんと向き合いながらスーパービジョンの機能を果たそうとされている様子がよく伝わってきます。また、状況認識も正確にされているように思います。
　Aさんの［下線⑤］の発言がスーパービジョン内容の転機になっています。その後の展開では、スーパーバイザーが説明して理解させるという誘導的な展開になっていますね。きっと時間的な制約も関係しているのでしょう。スーパービジョンの過程では、相談面接過程と同様にクライエント（スーパーバイジー）の「気づき」に合わせて、それを進展させるという視点が大切となります。つまり、クライエントが自分の見方や感情を言語化によって明確化し、それをワーカーとともに洞察を深め、それをまた内面に戻していくという作業を繰り返していくことです。そのためにも、クライエントの「気づき」に歩調を合わせた面接が求められます。
　Aさんが「専門的な視点」に反応されたということ、そしてこの面接全体のやりとりからうかがえるのは、Aさんの専門職として拠って立つ基盤や実践の根拠がまだ脆弱であるということです。スーパーバイザーが今後も同行訪問してくれるから楽になるのではなく、理論に基づいた根拠のある実践ができることで、自信と確信をもって、また落ち着いて事例と向き合えるようになるのでしょう。
　本当はじっくりと腰を据えたスーパービジョンが求められるところです。しかしながら、支援困難事例ならばともかく、こうしたスーパービジョンを地域包括支援センターが担うのは実際には限界もあるでしょう。事業所ごとの組織的な力量の底上げが喫緊の課題といえます。

7 主訴から課題の本質にアプローチする

スーパービジョンとして展開されるに至った相談面接場面です。
クライエント（スーパーバイジー）がまず切り出した主訴を入り口として
面接が始まります。ワーカー（スーパーバイザー）には、
同時並行でクライエントの課題の本質を明確化することが求められます。

Case

[ワーカー]
看護師（病院の看護師長）

[クライエント]
Aさん（新しい職場で悩む看護師）
　看護師歴約10年、30代前半の女性。病院から特別養護老人ホームに異動となって約2週間。前職場では、ムードメーカーである一方、トラブルメーカーになることがたびたびあった。

[登場人物]
Bさん（Aさんの同僚）
　Aさんが異動した特別養護老人ホームの介護職員（介護福祉士とケアマネジャーの資格をもっている、50代前半の女性）。福祉職歴が20年あり、職場内では一番古くからいる職員。他のスタッフの人望が厚い。

[相談までの経緯]
　ワーカーの部下だったAさんが、病院から特別養護老人ホームへ異動した。医療分野の経験しかないAさんは少し戸惑いながらも、「医療も福祉もわかるようになりたい」との意欲をもって赴任した。しかし、異動直後から介護職員Bさんと仕事上でうまくかみ合わず、衝突を繰り返していた。Aさんは仕事のやりづらさを新しい職場の上司に相談したことがあったが、「Bさんのやり方は間違っていないから、Bさんに相談しながら仕事をするように」と言われていた。

Interview

[午後6時：Aさんが異動して約2週間後。勤務を終えたAさんが、突然以前の職場に顔を出した]

看護師長（以下、ワーカー）：あら、お疲れさま。
（声をかけるが、以前のような生気がみられない。どうしたのかなと気になり、やりかけていた仕事を中断して、Aさんに着席をうながしゆっくり話ができる体勢をつくった）

Aさん：どうしたら福祉がわかる？①

ワーカー：どうしたの？
（突然の発言に驚いた）

Aさん：なんか、Bさんがわからないんだよね。

ワーカー：それで、福祉？
（Aさんが、Bさんと福祉をどう関連づけているのかわからなかった）

Aさん：うん。私、福祉がわからないから今の職場でうまくいかないんだよな。②
（Bさんとの軋轢を、個人の原因としてとらえるのではなく、異職種による価値観の違いと感じているのだと思った。新しい職場での葛藤のなかで今の状況を改善し、なんとか頑張ろうとしているAさんの姿勢がうかがえた）

ワーカー：そっか……、福祉ね。人として当たり前のことを、当たり前にすることじゃないのかな。

Aさん：ふぅ～ん……。
（Aさんが期待していた答えとは違っていたようで、拍子抜けした感じだった）

ワーカー：その当たり前が、人それぞれ違うから難しいんだし、わかろうとする努力が必要なんじゃないかな。
（福祉の理解とBさんの理解がつながるように伝えたかった）

Focus

相談面接のきっかけとなる[下線①]の発言を引き出したのは、Aさんの雰囲気を察したスーパーバイザー（以下、バイザー）さんの「話を聴くよ」という意思を示した姿勢でしたね。こうした日常的な場面においては、面接過程に入るためにはサインやきっかけづくりが大切となります。

[下線②]の発言に対してどのように対応するかは、今回の面接の大きなポイントであったように思います。Aさんは[下線①]で唐突に「福祉」を持ち出し、また[下線②]では職場でうまくいかない原因を「福祉がわからないから」としています。もちろんうまくいかないひとつの要因ではあると思いますが、面接の入口として「福祉のとらえ方」に限定するのではなく、Aさんの気づきを深める過程をもう少し広めに設定することで、本質をキャッチできるアプローチになったかもしれませんね。
➡ 5 開かれた質問をする
➡ 7 繰り返す

Aさん：……。
（Aさんは、あまり関心を示さなかった）

ワーカー：医療も福祉も、基本は同じだと思うけどな。
（Aさんの経験からもわかるように説明がしたかった）

Aさん：そうかな……、私は、前と同じようにやっているだけなのにな……。
（Aさんには何か戸惑いがあるようだったので、具体的な話を聞こうと思った）

ワーカー：<u>何かあったの？</u>③

Aさん：今日ね、血圧が高い人がいてね、この頃ずっと高いから、ご家族に病院受診を勧めようとしたら、Bさんに「そんなこと言わなくていい」って言われちゃったの。

ワーカー：そうなんだ。

Aさん：福祉って、病気の心配があっても、家族の都合とかで放っておいてもよいものなの？　<u>私はその人のことを思って言ったのに。</u>④
（Aさんの声のトーンが上がった）

ワーカー：そうじゃないと思うけど。その方、前にも血圧が高いときがあったの？
（Aさんの今日の出来事のとらえ方に偏りがあるように思えたが、強く否定できなかった）

Aさん：あったみたいだけど……。

ワーカー：そのときはどうしたの？

Aさん：家族に言っても、受診してくれなかったみたい。

ワーカー：そうなんだ。どうして受診しなかったのかな？

Aさん：わからない。

ワーカー：その方のご家族は、どなたがいらっしゃるの？

Aさん：知らない。

---

❼ 主訴から課題の本質にアプローチする

バイザーさんの［下線③］のタイミングは見事ですね。Aさんの「戸惑い」を取り扱うために、「戸惑い」そのものの言語化をうながすのではなく、このように具体的に、また開かれた質問をすることで会話を展開することができますね。
⇒ 5 開かれた質問をする
⇒ 14 話題を修正する

［下線④］の発言に対する応答として、たとえば「Aさんは本人さんのことを思って言ったのに、そのことがBさんには伝わらなかったと思ったのね」とバイザーが正確に言語化し、共感的に応答してもよかった場面かもしれませんね。AさんとBさんのどちらが正しいかではなく、そのときのAさんの気持ちを理解していることを伝えることが大切です。
⇒ 8 言い換える（関心）
⇒ 9 言い換える（展開）
⇒ 19 現在の感情を言葉で返す
⇒ 20 過去の感情を言葉で返す

PART Ⅲ　逐語で学ぶ相談面接技術

（発言後、Ａさんは、家族状況をまったく知らずに病院受診を勧めようとしていたことに気づいたようだった）

ワーカー：Ｂさんに聞いてみたら？

Ａさん：いい。忙しそうであんまり相手にしてくれないから。⑤

ワーカー：そうなの？　でも、それでいいの？
（「その人のことを思って言ったのに」というＡさんの気持ちを支持したかった）

Ａさん：う〜ん、よくないけど……。

ワーカー：けど？　どうするの？

Ａさん：明日、記録を見てみる。

ワーカー：そうだね。家族の状況や今までの経過を見て、わからなかったらＢさんに聞いてみなね。
（Ａさんの口から「Ｂさんに聞いてみる」とは言えないだろうと思ったので、方法を示した）

Ａさん：わかった。
（Ａさんの表情から、少しずつ曇りが消えていった）

ワーカー：人にはいろいろな事情があるからね。

Ａさん：そうだね。

ワーカー：いろいろなプロセスがあって、今生きているからね。ほら、Ｃさんの──。あのご家庭の事情や、ご主人の気持ちがだんだんわかってきたとき、あのご主人に、これ以上「△△してください」とか「××したほうがいいです」とか言えなかったよね。

（※Ｃさんは、前職場でＡさんが担当していた患者。重度要介護者。親族とは疎遠状態で、高齢で自らも障害をもつ夫が介護サービスを利用しながら献身的に看ていた。医療職としてかかわるなか、介護に不十分さがみられたが、周囲の心配をよそに、夫はＣさんが亡くなるまで寄り添うように介

Ａさんの［下線⑤］の発言は、問題の本質へと展開するチャンスであったかもしれませんね。Ａさんが直接Ｂさんに言えないのは、Ｂさんが忙しくしているからだけなのでしょうか。福祉のとらえ方だけでなく、対人関係やコミュニケーション、自己覚知といった課題の可能性も視野に入れる必要がありそうです。たとえば、「相手にしてくれないってどんな感じなの？」と少し具体的に尋ねてみるのも、そちらに展開させるひとつの手になるのではないかと思います。

➡ ⑤ 開かれた質問をする
➡ ⑦ 繰り返す

護をしていた。当初は夫との間に溝があったが、だんだんに夫婦や家族の状況を知るなかで信頼関係が築けていった。ご本人たちのペースに合わせて見守ることの難しさを学んだ）

Aさん：そうだったね。ご主人、すごく頑張っていたものね。

ワーカー：医療だからといって、踏み込めないご夫婦の暮らしがあったよね。

Aさん：そうだったね。あのとき、先生もわたし達も一生懸命動いたのに、最後までご主人が思うようにしかならなかったね。

ワーカー：でもそれでいい、ってなったじゃん。

Aさん：そう、ご主人がいろいろ話してくれて……。わたし、あのご主人の思いってすごいな～って思ったんだ……だから、この生活を続けさせてあげたいって……。

ワーカー：あのとき、Aさんなんて言ってたっけ？

Aさん：──Cさんとご主人の生き方があるんだ、って。

ワーカー：そうだね。だからね、その人その人の事情を知らずに医療も福祉もできないのよ。

Aさん：そっか……。師長さんは、どうして福祉がわかるの？

ワーカー：福祉かな～？　……う～ん、まだまだわからないよ。自分のことだってよくわからないもの。
（Aさんと自分が思っている福祉にずれがあると感じた）

Aさん：そうだよね。
（初めて笑顔になった）

ワーカー：それに、自分のことを他人が簡単にわかるなんて思わないでしょ。人を理解するって難しいのよ。まず、そこからスタートだよ。

（Aさんがいたずらに福祉という言葉にこだわるよりも、対人援助職としてのスキルアップにつながる道筋をつけてあげたいと思った）

Aさん：師長さんでもそうなんだ。

ワーカー：そうだよ。でも、初めてそのことを考えさせてくれた人のことは、今もずーっと心に残っているよ。

　　　（※以下の自分の経験を話すことで、Aさんの悩みの解決の糸口を見つけるヒントになるといいなと思った）

――在宅支援の仕事をはじめてまだ間もない頃、初回訪問した利用者が危険な状態だったことがあった。80歳になるまで一度も医療機関を受診した経験がなく家族は対応に戸惑っていた。家族を説得し救急車で緊急入院したところ、余命は数日と予測された。一段落して職場に戻ったとき、「私、いったい何をしてきたんだろう」と医療的視点でしか行動せず、ご本人の気持ちや家族の迷いを考慮できなかった自分に愕然とした――。

Aさん：（いつになく真剣に聞き入っていた。しばらくして）私、今の職場で福祉を学ぶわ。頑張ってみる。⑥

　　　（表情が明るくなった）

ワーカー：頑張らなくていいんだよ。少しずつ変わっていけばいいんだからね。頑張ると疲れちゃうからね。

　　　（Aさんが考える福祉が何を指しているのか、まだ十分に受けとめきれていなかったが、Bさんとの軋轢を少しずつ減らしながら、仕事をしていく手立てにはなると思った）

Aさん：わかった。これからもよろしくね。

　　　（笑顔になったAさんは、帰り支度をはじめた）

Aさんの［下線⑥］に対して、バイザーさんはそれに続く「頑張る」という言葉に反応されています。それは有効に機能し、いい雰囲気で面接を終えることに寄与しています。ただ、その後のバイザーさんの「Aさんが考える福祉が何を指しているのか」というコメントにもあるように、Aさんが何に気づいたのか、何を思ったのかについて、もう少し明確にしておけば、次回以降のアプローチの参考になったのではないかと感じます。

➡ 7 繰り返す

[面接後のワーカーの振り返り]

　医療を軸として歩んできたAさんの「福祉」への戸惑いに共感しながら、私自身が感じてきた福祉への思いや、長い道のりを経て今の私があることを知ってもらうことで、Aさんには今の状況から自分自身で脱皮できる糸口を見つけてほしいと考え、相談に対応した。また、相手を理解しようという姿勢をもってもらうことで、少しずつでも職場でのトラブルを減らしていく方向に導きたかった。

　内容を振り返ると、福祉という言葉に双方がもつイメージを確認しないまま相談を進めてしまったことで、Aさんの倫理観にまで展開する可能性があった話を、職場でのAさんの居所づくりに限定してしまった気がしている。

Advice

　Aさんにきちんと向き合い、スーパーバイザーとして共感的に対応しておられる様子がよく伝わってきます。Aさんは安心感を得て、落ち着きを取り戻したようですね。また、スーパーバイザー自身の体験を話されたことは、Aさんにとって大きな意味があったことでしょう。

　けれども、若干「福祉のとらえ方」という点に拘泥しすぎた感もあるように思います。前職場で「トラブルメーカーになることがたびたび」、異動直後から「衝突を繰り返していた」とあることからも、自己覚知という側面も含めてもう少し広く課題の本質について検討してみる余地があるように感じます。

　［下線①］の「どうしたら福祉がわかる？」というのは、いわゆる本人の「主訴」ですね。ここが相談面接の出発点となり、そこから問題や課題の本質に本人自身が気づいていくプロセスそのものが相談面接といえます。当然ながら、スーパーバイザーにはAさんの一連の言動や理解の枠組みがどこからきているのかを深く洞察する力も求められます。

　もちろん、これは短時間に達成できるものではありません。この日の相談面接を、そのプロセスの最初の一歩として位置づけることで、さらなる展開が期待できるように思います。

8 潜在的な真のニーズをキャッチする

相談面接は、具体的な問題解決策を導き出すだけでなく、
クライエント本人の潜在的なニーズをキャッチすることも
大切な目的となります。
クライエントの発言と展開に注目して、本人のニーズに接近してみてください。

Case

[ワーカー]
サービス管理責任者・苦情相談窓口（身体障害者療護施設・介護福祉士）

[所属機関の概要]
　身体障害者福祉法に基づき、身体障害のため常時介護を必要とし、家庭や地域で自立した生活を送ることが困難な18歳以上の人を対象としている。また、地域で生活している重度の障害者の生活支援として、施設入所支援、生活介護支援事業、短期入所利用、ヘルパー派遣事業等を行っている。

[クライエントの状況]
Aさん（女性・35歳・脳性麻痺・障害程度区分6）
　幼少時代は肢体不自由児・言語障害児の通園施設に所属するが、家庭の事情によりほとんど通園できない状況であり、その後は肢体不自由児施設に措置入所となる。15年前から当施設に入所、現在に至る。
　意欲的な性格で努力家でもある。言語障害があるためにコミュニケーションに時間がかかる。他者に思いが伝わらずに落ち込むことが多い。その影響により体調を崩すことがある。

[苦情相談の位置づけおよび方法]
　施設利用者の生活全般に対する苦情・相談を主に受け付けている。面談は、相談室、会議室、居室、屋外等のクライエントが話しやすい場所を選んで実施する。1回の面接時間は2時間を目安としており、場合によっては数回にわたることがある。

Interview

午後3時:スタッフルームの入り口にAさんが現れる

Aさん：職員さん、ちょっと聞いてよ。(手招きし、声をかけられる)
(電動車イスを操作し、一人でスタッフルームに来る)

ワーカー：何かありましたか？①

Aさん：あった〜。(顔を赤くして、こぶしをつくっている)

ワーカー：何か嫌なことがあった？② ……場所を変えて、お話しますか？

Aさん：うん、行こう。
(会議室に移動する。車イスの乗車姿勢を直す)

ワーカー：何かありましたか？③

Aさん：トイレ介助を新人のBさんとCさんがやってくれたんだけど、あまりやってもらったことがなかったから心配だったの。そしたら、私に聞きながらやってくれるって言うからお願いしたんだ。

ワーカー：新人のBさんとCさんにトイレの介助をしてもらったんですね。④

Aさん：トイレが済んで、抱えてもらいながら立ち上がるところまではよかったんだけど……。

ワーカー：トイレは無事にできたんですね。⑤

Aさん：うん。でも、車イスに座るために抱えてもらいながら向きを変えてもらうときに、反対方向に体を回転しようとしたから、「ちがう！」って言っているのに、聞いてもらえないで、そのまま介助をされて腰を痛めてしまったの。

ワーカー：Bさん、Cさんに「ちがう！」は伝わらなかったのですね。⑥

Aさん：うん。背中にプレートが入っているからす

Focus

[下線①③]では、どちらも「何かありましたか？」と、形式的には閉じられた質問をされています。細かいことですが、何かあったことは確かなわけですから、たとえば「どうされました？」と尋ねたほうがスムーズであったように思います。
⇒ **5** 開かれた質問をする
⇒ **6** 閉じられた質問をする

[下線②]では、Aさんの「顔を赤くして、こぶしをつくっている」という状態を受けて、「何か嫌なことがあった？」と疑問形で対応されています。ここでの語尾は、「何か嫌なことがあったのですね」と、「〜ね」で終わったほうが、「あなたに何らかのストレスがあったことが私にはきちんと伝わっています」ということをはっきりと伝えるメッセージとなります。この場面、もし「嫌なこと」であったのかどうかはっきりしない場合は、「何かあったのですね」と表情を曇らせながら応答するなど、もう少し間口を広くしておくことも可能ですね。
⇒ **16** 感情を表情で返す
⇒ **19** 現在の感情を言葉で返す

[下線④⑤⑥]では、繰り返しの技法を基本に忠実に用いられています。的確にこの技法を活用することによっ

⑧ 潜在的な真のニーズをキャッチする

ごく心配なんだ。痛いって言ったのに「ごめんね」って軽く謝られただけで、看護婦さんにすぐに報告してくれなかったんだよ。ほんとに痛いから他のスタッフに湿布を貼ってもらったの。そのスタッフが看護婦さんに報告してくれたんだけど……。
（対応に誠意が感じられなかったと怒っている）

ワーカー：すぐに痛みに対応できず、看護師にも報告できていなかったということですね……。介護マニュアルの手順通りに介護できず、痛い思いをさせてしまい申し訳ありませんでした。

Aさん：私の背中にプレートが入っていることを知らないで介助している人もいるよね。だから看護婦さんにも報告してくれないで、「ごめんね」と軽く謝って終わりなんだと思う。⑧
（数年前に同じ個所を捻挫した経験があるため、不安を感じている）

ワーカー：そうですよね。引き継ぎ事項としてしっかり伝わっていなければ、介助を受けるのは怖いですよね。念のため明日、通院してみますか？
（看護師より、念のためレントゲンを撮りに行くことになったと後日報告を受けた。その結果、医師より、骨に異常はないので、湿布で様子をみてくださいと指示を受けた）

Aさん：通院できれば安心です。でも、「ちがう！」と言ったのに伝わらなかったし、聞いてもらえなかったし。どうすればいいの？　コミュニケーションがとれないのは不安……。⑨

ワーカー：そうですね、不安でしたよね。経験が浅いスタッフは引き継ぎだけではイメージすることが難しいかもしれませんね。注意点をすべて理解してもらえているかどうかも不安なのですね？

Aさん：私は言葉が出にくいからなかなか伝わら

て、会話にリズムも生まれますね。ただ、［下線⑤］の部分ですが、本人が伝えたい内容は、「無事にトイレができたこと」ではなく、その後に起こったことなのでしょうから、たとえば「そこからが問題だったのですね」と返すか、繰り返しの技法を用いるならば、「よかったんだけど？」と次の発言をうながすような応答でもいい場面であったように思います。
➡ ⑦ 繰り返す

このあたりのやりとりは、この面接の大きなヤマ場であったように思います。［下線⑦］と［下線⑧］において、「ごめんね」と軽く謝られたという発言が2回みられます。これは、［下線⑦］の発言にワーカーがふれなかったために、Aさんが［下線⑧］でもう一度持ち出したように見えます。なぜ、わざわざ「軽く」という言葉をつけなければならなかったのか。このことで何を伝えたかったのか。ここに、本人の潜在的なニーズの一端が見えているように感じます。

苦情としての訴えについて、誠実かつ具体的に対応されている場面がこのあたりから続きます。苦情への対応の基本ですし、ワーカーさんとの信頼関係にもつながっているのがよくわかります。［下線⑨⑩］において、「不安」という発言がみられますね。ここでは、うまく言いたいこと

いことが多いけど、自分の介助方法を他者に伝えられるようになりたいと思っています。
（前向きな発言がみられる）

ワーカー：ところで、安心して介助を受けられる人はいますか？

Aさん：何人かいます。不安な人と慣れているスタッフと組んでくれると安心です。できれば慣れたスタッフには見守りをしてもらって、必要なときにアドバイスしてくれるような感じがいいな。

ワーカー：それはよい方法ですね。現場リーダーさんに相談してみましょう。あとは、Aさんがどのように伝えられるようになって、安心した介助が受けられるかですね。
（この点は、後日スタッフ会議で研修方法を検討した。Aさんが安心できるスタッフを指導スタッフとして位置づけ、Aさんと指導スタッフがOKとした場合に一人立ちとして認めることにした）

Aさん：教えてあげたいと思うけど、言葉が出にくいから伝わりにくいの。今回も聞いてくれたけど伝わらなかったし……、少し不安。⑩

ワーカー：そんなことはありませんよ。リラックスしているときはスムーズに会話ができるし、冗談もおもしろいですよ。それに、ご利用者のボランティア募集窓口として、今年から活動をしたり頑張っていますしね。きっと相手に介助方法を伝えられるよい方法が見つかると思います。今度、第三者委員が来ますが、話を聞いてもらいますか？
（毎月1～2回、第三者委員が訪問、面接を受ける）

Aさん：はい。どうしたらうまく伝えられるか、アドバイスも聞きたいし。

ワーカー：わかりました。ところでBさん、Cさんに今の気持ちを直接伝えてみませんか。軽く「ごめんね」と言ったのは、もしかしたらAさんの思っ

が伝わらないことが不安という文脈で使われており、またワーカーさんもそこに的確に応じています。その一方で、この不安の本質はどこにあるのか。そこにも目を向けていくことが大切となります。

❽ 潜在的な真のニーズをキャッチする

ているとおり背中のプレートの理解度が低かったかもしれないですね。
Ａさん：わかってもらえないかもしれないから、一緒にいてほしいです。直接話したいと思っていたけど、自信がなかったから一緒にいてくれれば安心します。
ワーカー：一緒について行きますので、思っていることを伝えてください。何か困ったらフォローしますね。
Ａさん：頑張ってみるよ。ありがとう。

（その日のうちにＢさん、Ｃさんをまじえた四者面談を行い、Ａさんは自分の思いを伝えることができました。Ｂさんたちもそさんのおっしゃることを受けとめ、また障害への理解を深め、再度Ａさんに謝罪をしたことで、問題は解決しました。Ａさんは、直接話すことができてよかったと満足されていました）

Advice

　苦情というかたちで表出した本人の訴えに誠実に対応され、また解決に向けて具体的に話を展開された面接です。クライエントの主訴に焦点を当てながら、解決策を具体的に導き出すというのは、苦情解決の基本でもあります。その過程においてクライエントを巻き込みながらすすめようとされている点も好印象です。

　対人援助の観点からは、こうした「苦情」に対して適切に対応しながらも、もう一方でその奥にある本人の真のニーズをキャッチできるかが大切となります。表向きの苦情と真のニーズは異なるということです。Ａさんが［下線⑦⑧］で「軽く」を２回繰り返されたことは、もちろんプレート等々のことがあったことも確かだろうと思いますが、軽くあしらわれた、つまり一人の人間として尊重されていないと感じたのではないでしょうか。このことは、表向きにはコミュニケーション上の不安として表出されたとしても、このまま尊重されないのではないかという不安につながります。根が深い、そして漠然とした不安としてＡさんを覆っているように思います。

　本人の真のニーズは、言葉の端々や表情、態度、雰囲気といった面接場面のどこかに顔を出すものです。もちろん、苦情対応の場面において直ちにこれらにアプローチする必要はないとは思いますが、こうした面接をとおして本人の真のニーズをキャッチしておくことは、その後の施設での援助に必ず役立つはずです。

❽ 潜在的な真のニーズをキャッチする

⑨「明日」を支える相談面接を考える

何のために相談面接技術を使うのか。そのことを強く考えさせられる面接です。転倒骨折から復帰したクライエントを「ほめる」だけでなく、クライエントが垣間見せる「不安」に適切にアプローチできるかが問われます。その「不安」はどこからくるものなのでしょうか。

Case

[ワーカー]
ケアマネジャー(在宅介護支援センター・介護福祉士)

[クライエントの状況]
Aさん(89歳・女性・要介護1)
　夫死亡後(約10年前)、息子家族と同居となる。最初は次男と二人で暮らしていたが、数年前から長男家族と同居している。長男家族は2階、本人は1階で生活。
　4年前から介護保険を利用(その当時からケアマネジャーを担当)。週2回、デイサービスを利用。糖尿病と膝痛があるが、サロンや食事会にはシルバーカーを押し、自力で外出していた。
　半年前、夜中に自宅の階段から転落し、恥骨骨折、仙骨骨折で入院。安静加療後リハビリ病棟に移り、このほど退院した。
　退院時にはデイサービスの人たちに会いたいと、挨拶に寄られた。

[今回の面接の位置づけ]
　退院1週間後、本人や家族の状況、サービス等のモニタリングのために訪問した(ケアマネジャーは退院支援にもかかわり、週2回のデイサービス利用を調整した)。面接には長男の妻が同席。

[同席者]
　長男の妻

Interview

午前10時半：ご自宅を訪問

ケアマネジャー（以下、CM）：こんにちは、おじゃまします。

長男の妻：どうぞ。

（玄関に入ると踏み台が目に入る）

CM：前から、台、ありました？

長男の妻：段が低いほうが上がりやすいかと思って。高さも調節できるしゴムもついていて、安定がいいんですよ。近くのホームセンターで買ってきました。（本人の部屋に通される）

CM：Aさん、こんにちは。退院おめでとうございます。暖かいお部屋ですね。それに着ているお洋服がとてもよく似合ってらっしゃる。①誰が選ばれたのですか？

（グレーの髪に緑のセーターがよく似合っている。口紅もつけ椅子に座って待っており、おだやかな、とてもよい表情をされている）

Aさん：嫁さんにもらったの。

CM：よかったね。

（部屋の環境、本人の表情から退院後の生活が順調なことがうかがえる）

Aさん：私がね、バカやっちゃったの。

（夜中に階段から落下したことを気にしている）

長男の妻：終わったことはしかたがないことだから。

Aさん：申し訳なくて、申し訳なくて。このまま歩けなくなったら大変だなと思って、②せがれと嫁さんのために頑張ったの。

CM：それでどうですか？　おうちに帰って来て。

Aさん：イライラして、早く帰りたい、帰りたいと言っていたの。

CM：お正月をおうちで迎えられるようになってよ

Focus

[下線①]は、とてもいいタイミングで発言されています。洋服だけでなく、口紅をつけ、椅子に座って、きちんとした姿をワーカーさんに見せようとしたご本人の意欲をキャッチしたことを伝えることになっています。

[下線②③]のAさんの発言は、この面接場面のみならず、今後のAさんへの支援を考えるうえで大きな意味をもつ発言であったように思います。この場面では、こうした発言を受けて、元気に退院されたその一方で将来への不安があることをきちんと受けとめておくことが今後の布石になっ

かったですね。何かお困りのことはありますか？

Aさん：何もない。私が一人でいたら大変だよね。これで歩けなくなったら、生きる甲斐がないもの。③

CM：退院してから、1日をどんなふうに過ごされているのか、教えてもらえますか？

Aさん：6時頃に起きて、トイレに行って、入れ歯を洗って口に入れる。それから注射を打ってもらう。

（朝食前にインシュリンの注射を打ってもらっている）

長男の妻：食事はちょっと遅くて、デイサービスに行く日は8時頃、家にいる日は8時半頃ね。

Aさん：食事が終わって、テレビを少し見て、こちら（自分の部屋）に来て、足の運動とベッドの周りを20回まわって、首と肩と手を上げて……。

（病院でしていたリハビリを30分ほどていねいに行っている。入院する前は千羽鶴をたくさん作っていた）

CM：なかなかできないことね。④

Aさん：休みながらね。

CM：すごいね。⑤

Aさん：こういうところを少し拭いて。

（床の間を指す。床の間や障子の桟を拭いているとのこと）

長男の妻：「何もしないとよくない」って。「今の時期だから、体を動かさないと動けなくなる」と前に先生に言われていたのよね。

CM：わかっていても、なかなかできないことよ。お年寄りだけでなくて、私たちの年代の人にも教えてあげたいわ。⑥

Aさん：病院でも、車イスで動けない人を押してあげたりしていたの。

（入院中、隣のベッドの人が嘔吐しナースコール

たかもしれませんね。
→ 19 現在の感情を言葉で返す
→ 21 アンビバレントな感情を取り扱う

［下線④〜⑦］では、ワーカーが最大のほめ言葉で応答しています。その言葉を受けたAさんが気分よく話をされているのがわかります。「ほめ上手」になることによって、相手の話がうまく引き出せるという好例ですね。

で呼んで命が助かったとか。常にまわりのことに気配りをしている。ナースコールを押し、よけいなことをしたのではないかと朝まで眠れなかったらしいが、そのことを看護師に尋ねたら、「Aさんが教えてくれたから命が助かった」と言われてホッとしたとのこと。こうして、思っていることを口に出して確認している点がすばらしい）

CM：<u>Aさんは、気持ちがちがうのね。人のために何かをしてあげたいという気持ちがすごいよね。</u>⑦

Aさん：友人がたくさんいてね、「お茶を飲みにおいで」と言ってくれるの。

CM：Aさんは、いくつになられましたか？

Aさん：もうすぐ90歳。

CM：来月、1月○日はサロンの日だけど、来られるかしら。お迎えに来ましょうか？　サロンの人たちも心配していたから、こんなに元気になられた姿を見てほしいわね。

（月に1回、地域の人たちがお茶を飲んだり体操をしたりして集っている。ケアマネジャーも毎月顔を出している）

CM：他の時間は、どんなふうにしているの？

Aさん：外には行かないけど、ベッドの周りを片づけたり。

CM：それがAさんの元気の源ね。トイレはどんなふうにしているの？

長男の妻：杖をつくこともあるけど、使ったら忘れて来るの。

CM：夜は？

長男の妻：夜も今のところはトイレで大丈夫。

CM：ところで、ベッドはどうですか？

長男の妻：特に問題はないみたいです。

CM：入院する前と比べてどうですか？

長男の妻：<u>脚力が多少弱ったかな。</u>⑧

❾「明日」を支える相談面接を考える

［下線⑧］のお嫁さんの発言を聞いたAさんは、どのよう

CM：お風呂はどんなふうにされていますか？

長男の妻：デイサービスで、週に2回入れてもらっているので、家では入っていないです。

CM：着替えなんかも、全部自分でできるんですよね。

Aさん：洗濯物がたまってしょうがないの。むこうに行けないから。

（入院するまでは、かつて同居していた近くに住む次男宅に行き、自分と次男の洗濯をしていた）

長男の妻：できないことは、しょうがないよね。

CM：気になるのね。

（本人が気にしなくてよいように、念押しの会話をした）

Aさん：休みのときはしてやっていたから。植木のこともあるから。

長男の妻：草も取ってくれているし、○○さん（次男の名前）のほうは大丈夫よ。

CM：お嫁さんは、（Aさんの分の）洗濯をするのが負担ですか？

長男の妻：いいえ、機械がしてくれるから。⑨

Aさん：お願いします。

CM：よかったね。ところで、骨折はどうしてでしたっけ？

長男の妻：クーラーのスイッチが切れないので、誰かを呼びに行こうと階段を2～3段上がったところで転んだらしいの。夜中の2時頃で私もぐっすり眠っていて、下で呼んだらしいんですけど聞こえなくて……。"このくらいはできる、大丈夫だ"と思っても、実際は体が動かないために起きる事故が多いそうですね。

CM：しかし、4か月も入院していて、寝たきりになるのではないかと心配していましたよ。

Aさん：これ以上歩けなくて世話をかけたら生きて

に感じたのでしょうね。「Aさんはどのようにお感じですか」と本人に一度発言の機会を提供してもいい場面だったかもしれません。酷に思えるかもしれませんが、そのことがAさん自身が「現実」を直視していく作業になること、そしてそこに生じるAさんの感情をワーカーさんが受けとめる機会をもたらすからです。

➡ 15 感情表出をうながす

［下線⑨］によって、洗濯が特に負担になっていないことを言葉ではっきり確認できたことは、Aさんの安心材料になったことでしょう。こうした三者面接では、媒介的な役割を場面に応じて適切に果たすことも大切です。

［下線⑩］の場面は、この日

いけなくなっちゃう。⑩
　CM：こんなにすばらしい生活をしているとは知らなかったわ。Aさんよりずっと若い人でも、運動も何もしていない人がいっぱいいるけど、こういうお話を、みんなに聞かせてあげたいね。
　長男の妻：ちゃんと話せるし、マイク片手に。本人さえよければ。
　CM：サロンの人たちにも、こんなに元気になったとお伝えしてもいいですか？
　（Aさんはニコニコしている）
　CM：じゃ、1月○日にお誘いに伺います。どうもありがとうございました。
　（Aさんは玄関まで見送ってくれた）

・退室する前に、1月の利用表の説明をする。限度額に余裕があるので、介護者が疲れていたり外出等で用事があるときはショートステイが使えることを説明した。
・支援センターに帰ってからサロンに連絡し、サロンからもAさんに声をかけてくれることになった。

の面接において、Aさんの「歩けなくなっていく不安」にアプローチできる最後のチャンスでした。元のように元気になったことをほめられるという流れのなかで、歩けなくなったら「生きていけなくなっちゃう」という発言はとても大きなメッセージ性をもっています。けれども、ここでのワーカーさんは、「こんなにすばらしい生活をしているとは知らなかった」と応答してしまっています。「今」をほめつつも、その一方にある不安もキャッチしていますよというメッセージを送っておくことは、きっと「その後」を支えることにつながるはずです。

❾「明日」を支える相談面接を考える

Advice

　Aさん本人の前向きな姿勢や取り組みに焦点を当てながら、モニタリングに必要な情報収集をされようとしている姿勢がよく伝わってきます。また、ワーカーの素直な感動が自然に表現されている点も好印象です。
　今回のように、利用者の努力の成果が具体的に現れている場合や身近な家族との関係が良好な場合などは、プラス面を前面に押し出した面接ができますし、サロンでの報告の場を設定されているように、いい展開で援助を進めることができますね。
　しかしながら、もう少し深い面接ができた気もします。それは、「元の生活ができるまでに回復したこと」だけではなく、一方で「いつかそれができなくなること」への不安に対するアプローチが求められるということです。［下線②③⑩］のAさんの発言はとても意味のあるメッセージであったように思います。ここ

に少しでも近づく面接ができていれば、きっと本質的な援助への扉を開くことになったでしょう。

　相談面接を有意義なものにするために各種技法を学ぶことはもちろん大切ですが、それらはクライエント本人の側、つまり本人の〈ストーリー〉のなかで用いられなければ空回りしてしまいます。「元のように元気になってすばらしい」という援助者側の〈ストーリー〉からクライエントを見ているだけでは、クライエントの本当の姿が見えなくなってしまいます。

　「いつかそれができなくなること」を直視すること、そしてもしそうなっても「自分の生きる価値は変わらないこと」に向けた援助がやがて必要となります。その過程を、このワーカーとならば一緒に歩んでくれるという確信をもってもらうための援助は、今から始まっているのです。

10 対人援助の価値を相談面接技術に反映する

相談面接は、クライエントが話したいことを、
ただ傾聴すればいいということではありません。ワーカーが意図をもって、
時に覚悟をもってクライエントと向き合うことが求められます。
対人援助の価値を反映した相談面接の実際を味わってみてください。

Case

[ワーカー]
主任介護支援専門員（地域包括支援センター・社会福祉士・介護支援専門員）

[クライエントの状況]
Aさん（男性・53歳・要介護3）
　82歳の母親（要介護3、糖尿病性網膜症にて視覚障害1級）と同居。糖尿病がすすみ右下肢切断（壊疽）。ぶっきらぼうな話し方で、短気な性格。母親やかかわるスタッフに怒鳴ることがある。警戒心が強く、会話がむずかしい。体調が悪いときには一言も発しないこともあり、「気むずかしい人」と思われている。
　もともとは幼稚園のバスの運転手をしていた。やさしい面もあるように思われるが、下肢の切断がきっかけで投げやりになっているようにみえる。そのあたりのことに関する面接の機会が得られていない。

[サービスの利用状況]
　ホームヘルパーが毎日（1日2回）入っている。主として母親の排泄と食事の介助。世帯では、掃除や洗濯、買い物の支援を行っている。
　健康面では、訪問診療が週1回。訪問看護が月に1回（拒否している）。

[地域包括支援センターがかかわっている理由]
　平成19年3月に担当ケアマネジャーより相談がもちこまれる。もともとはAさんが母親の介護をしていたが、下肢の切断で、2人とも要介護状態となった。介護力がなく、借金もあり、経済的に困窮している（のちに生活保護受給）。また、退院とともに転居という状況で課題がたくさんあるため、支援してほしいとのこと。
　退院1か月後に、Aさんによる母親への虐待が疑われる。体のあちこちに小さい

表皮剥離が見られる。「ひっかき傷だ」とAさんは言うが、たばこの火を近づけられているとの疑い。その後、ヘルパーの目撃情報として、Aさんが母親に平手打ちをしているのを見たとのこと。

　Aさんへの支援を強化することが必要であるが、この家族への支援状況をみると、母親中心に介護サービスが導入されており、ケアマネジャーはその担当にならざるをえないことから、地域包括支援センターがAさんへの支援の役割を担うことになった。

［今回の面接の位置づけ］
　事例検討会でAさんへの支援を強化したほうがよいということになり、訪問することとした。前回、「義足を作りたい。今、ケアマネに紹介されて行っているデイサービスはリハビリがないので、もう行きたくない」という相談が主任介護支援専門員に持ち込まれていた。
　しかし、母親への暴力（たばこの火を押しつける等）があったことから、今後、2人が一緒に生活をして大丈夫なのかという懸念も抱いての面接であった。

Interview

午後1時：ご自宅を訪問

主任介護支援専門員（以下、主任CM）：こんにちは。おじゃまします。先日、義足の話があったので、調べてきました。お返事が遅くなってごめんなさい。

Aさん：いいよ。

主任CM：それで、Aさん、足（義足）の件ですが、デイサービス（本当は通所リハビリ。デイサービスのほうが本人にわかりやすいのでデイサービスと言っている）でリハビリができるところは3か所あるってわかりましたが……。

Aさん：もっと近くに座ってよ。聞こえないから。それにしても、暑いな。

主任CM：<u>だんだん、暑くなってきましたね。</u>①

Aさん：なんだか、鼻水がとまらないよ。

主任CM：<u>あれ、風邪ですか？</u>②

Aさん：花粉症みたいだよ。こんな時期までアレルギーに鼻炎にさ、いろいろあるんだ。

主任CM：つらそうですね。

Aさん：それよりさ、最近、おれ、自宅で風呂に自分で入れるようになったんだよ。自分の腕で支えて、湯船にもつかるよ。シャワーもさ。

主任CM：え、すごいですね。最近、<u>ご自分でいろいろなことができるようになったんですね。</u>③

Aさん：台所で、自分でメシが作れるようになってから、自分でやらなきゃなって思ってんだよ。昇降リフトを使ってね。

主任CM：へー、すごい。

Aさん：<u>自分で何でもやるほうが気持ちが落ち着くんだよ。買い物もさ、自分で行って、見て、そうやって買うこと。見るだけでも違うよ。それだけでも、やる気が違ってくるんだよ。</u>④お風呂につ

Focus

前回の訪問からの流れを受けて、ワーカーさんはまず義足の話題から入られました。けれども、Aさんはそれに乗るそぶりを見せず、暑さや鼻水のことを持ち出してきました。ワーカーさんは［下線①②］にあるように、それぞれの話題に合わせた対応をされています。この場面、Aさんは本当のところは義足の話をすぐに聞きたかったのでしょうね。それにもかかわらず、Aさんは別の話題をまず振ってきました。これは、無意識的にAさんが「ワーカーが自分の側に立って話を聴いてくれるかどうか」を試したいという意味合いがあったように思います。ここでのワーカーさんの対応によって、Aさんのペースでやりとりが開始できましたね。面接のスタート時点では、こうした十分な配慮がとても大切です。

［下線③］では、要約の技法を使って応答されています。腕で支えること、湯船につかる

かるだけでも、自分でやるんだよ。お母ちゃんもシャワーが自分の家でできるよ。自分も手伝えばできるよ。できるようになってほしいし、お風呂につかるとあったまるしね、ぜんぜん違うんだよ。デイサービスに行くと、風邪ひくよ。いつも何かしら起こる。だから、行きたくない。

主任ＣＭ：ふーん。ケアマネさんは知っているの？

Ａさん：言ったけど、みんなが、行け行けという。最初から、嫌だったよ。向こうに行くと、風邪をひいてしまう。いつも。あったまんないから、もう嫌だな。

主任ＣＭ：もともとお風呂に入るために、デイサービスは今の場所に通いはじめたのですか？

Ａさん：いや、違う。リハビリをやりたかったんだ。でも、全然、やらない。だから、行くのをやめようと思うんだ。

主任ＣＭ：本当はどのようなリハビリをしようと思っていたのですか？

Ａさん：それは、立ったり、座ったりの訓練や、歩く訓練もだよ。

主任ＣＭ：入院中にもやっていたようなリハビリですか？

Ａさん：そうなんだよ！

主任ＣＭ：またそのような訓練ができたら、どうなるんですかね？⑤

Ａさん：家の中を歩けるようになるだろ。それをやると違うんだよ。

主任ＣＭ：歩く訓練をやるのとやらないのとは違いますか？

Ａさん：結局、それをやらないと筋肉がつかないんだよ。

主任ＣＭ：そして……。⑥

Ａさん：今のままじゃ、力がなくなって、歩けなく

こと、シャワーを使うという一連の入浴行為について、ここでは「いろいろなこと」という表現で要約しています。次に続くＡさんの「メシの話」を引き出したのは、この「いろいろなこと」であったように思います。これもこの技法のメリットのひとつですね。
➡ **11** 要約する

［下線④］のＡさんの発言、とても重要ですね。すでにこの時点でここまで言語化されていることに注目しておく必要があります。この場面でのやりとりでは、ワーカーさんは、「デイサービスに行きたくない」という内容のほうに反応されています。ただ、少なくとも、ワーカーの内心ではこの発言を強く認識しておく必要があります。デイサービスや義足の件、母親への虐待への対応等、そのあとの面接を方向づける根拠となるからです。ずっと後段ですが、［下線⑯⑱］の発言がみられる伏線はこのあたりにあるというアタリをここでつけておくことができれば効果的な展開につながります。

［下線⑤］のワーカーさんの質問、ズバリと切り込まれましたね。Ａさんに言語化をうながし、それを面接場面で取り扱う。この覚悟がワーカーさんにあるからこそできる投げかけです。［下線⑥］も同じ流れにあります。歩けなくなることや義足の話を引き出すことになっています。

なっちゃうよ！　義足ができて歩けるようになっ
　　　たとき困るじゃない！
主任ＣＭ：それで、先日の足（義足を作る）の話な
　　　んですが。⑦今、足の訓練ができるデイサービス
　　　の事業所が３か所あるのですが、そこでは訓練は
　　　できても、義足は作れないんですって。
Ａさん：うん。
主任ＣＭ：まずは入院して義足を作ってもらい、リ
　　　ハビリをして、退院したら、その義足での訓練は
　　　デイサービスで続けることはできそうです。
Ａさん：だから、しょうがないから、Ｂ病院に行っ
　　　て、作ってもらうしかないんだろうな。
主任ＣＭ：それと、自宅にいながら義足を作るのは
　　　難しいようです。入院しないと――。それは、足
　　　がむくんだり、体重が減ってしまって足が細く
　　　なってしまうと、また義足が合わなくなってしま
　　　うので、全身の身体の具合が安定してからではな
　　　いと作れないそうなので、入院して体の検査をし
　　　て、義足を作る検討をしないといけないようです。
Ａさん：なるほどな。
主任ＣＭ：あとはリハビリ専門の入院できる病院に
　　　行って義足を作るか。
Ａさん：入院は困っちゃうな。
主任ＣＭ：なぜ？
Ａさん：だって、お母ちゃんがいるもん。お母ちゃ
　　　んを一人で家においておくことはできないよ。
主任ＣＭ：そうか。⑧
Ａさん：だから、Ｂ病院の外来に通って作ってもら
　　　うよ。
主任ＣＭ：入院しないと無理だと先生から言われて
　　　いるけど、まず義足を作らずにリハビリだけ続
　　　けて、今のようにいろいろとできるようになると
　　　いうのは、どうですか？

［下線⑦］の対応ですが、その前の「今のままでは、歩けなくなる」というＡさんの発言を一度受けてからでもよかった気もしますが、ここで元々の義足の話題を出されたのはいいタイミングでしたね。なぜなら、本人自身の口から「義足」という言葉が出てきたタイミングで話題を持ち出すことで、本人の流れで話題を深められるからです。

［下線⑧］は、一見するとそっけない対応に見えるかもしれません。また、虐待の疑いがあるという事前情報があったことを考えると、もう少し突っ込みたくなる場面でもあります。けれども、この日の面接は、Ａさんと向き合っていくことをＡさんにきちんと伝えることにあります。そう

Ａさん：いや、とにかく義足を作りたいんだよ、Ｂ病院で。

主任ＣＭ：そう……。

Ａさん：とにかく、病院に行きたい。でも、月曜日にデイサービスに行っちゃうと、病院にも行けなくなる（月曜日が担当医の診察日なので）。それに、近いところじゃないと通えないよ。タクシー代がかかる。だから、ほかの病院に行くこともできないよ。

主任ＣＭ：わかりました。やはりＢ病院に通うことを考えないといけないのですね。⑨今、デイサービスはお休みしていますが、足のリハビリができるほかのデイサービスに変えなくていいのかしら。

Ａさん：どこにあるの？

主任ＣＭ：○○の駅のそばに１か所と、あと少し遠いけど市内に２か所あります。

Ａさん：空きがあったら行きたいよ。食事はできるの？　お風呂は？

主任ＣＭ：食事も出ますし、お風呂にも入れます。そこは時々、泊まることもできますけど。

Ａさん：泊まるのはいいや。お母ちゃんが嫌がるから。お風呂も家で入れるよ。

主任ＣＭ：ケアマネさんに話しておかなきゃ。

Ａさん：そうだな、リハビリできる施設に行きたいっていうことは、言ってあるけどな。

主任ＣＭ：ケアマネさんは、Ａさんのお話をよく聞いてくれますか？

Ａさん：うん。こっちからいろいろと言っているから。リハビリができないデイサービスじゃダメだって言ってあるからな。それよりさ、そこに封筒があるけど、字がよく見えないから、見てみてよ。

（自立支援法によるヘルパーの利用料金について

したワーカーさんの強い意図が垣間見える場面です。

［下線⑨⑩］は、どちらもワーカーさんが提案したことをＡさんが拒否したことに対して、ワーカーのほうからすっと退いた場面です。無理に押し通したり、問いただすようなことはしていません。けれども、ワーカーさんはこの時点で「Ａさんのいるところ」がはっきりとキャッチできたという大きな収穫があったはずです。つまり、本格的な援助をどこからスタートすればよいのかが見えた場面であったように思います。

の記載内容を説明）

主任CM：Aさんは、障害者手帳をもっているので、たとえば、障害のある方の専門の相談員と面接して、自分の将来や、自分だけの生活っていうことで、相談ができるのですが、お話ししてみたいと思いませんか？　Aさんのケアマネさんはお母さんの介護の話が中心だけど、Aさんだけのことを相談に乗ってもらうっていうことです。

Aさん：いいよ。必要ない。

主任CM：そう、<u>ケアマネジャーさんがよく話を聞いてくれるものね。</u>⑩

Aさん：いろいろやってくれるからいいや。

主任CM：頼りにできる人のようですね。安心しました。

Aさん：うん、やってくれるよ。

主任CM：最近、ヘルパーさんとはどうですか。Aさんの話を聞いてくれますか？

Aさん：まあ、良いような、悪いようなだな。

主任CM：なぜ？

Aさん：自分とやりかたが違うからな。自分で思うようにやりたいよ。いちいち、声をかけて頼まなきゃならないから。

主任CM：でも、今はどんどん、いろいろなことができるようになっているから。

Aさん：あとは、本当は歩ければな。

主任CM：歩けるようになると、まず、どんなことができるようになるのですか？

Aさん：とにかく、好きなところに行けるよ。買い物でも、なんでも。

主任CM：<u>今でも、ヘルパーさんと一緒に買い物に行っているけれども──。</u>⑪

Aさん：違うんだよ！　電車に乗ったり、いろいろと行きたいところがあるんだよ。

⑩ 対人援助の価値を相談面接技術に反映する

［下線⑪］は、意図的に対決の技法を使われましたね。つまり、「違うんだよ！」という反応は読み込み済みで投げかけています。「いろいろ行きたいところ」という発言を

主任ＣＭ：行きたいところ……。⑫

Ａさん：だから、言ってるように、自分の好きなことがやりたいんだよ。⑬早く、病院に行きたいよ。でも、自腹でタクシーだよ。7000円かかるから、すぐには行けないよ。でも、最近は（ヘルパーの介助なしに）自分ひとりで行っている。

主任ＣＭ：えっ、ひとりでですか？

Ａさん：そうだよ、タクシーならば、行けるよ。病院に行けば、手伝ってくれる。はやく、歩けるようになって、お母ちゃんのためにもさー。リハビリにも自分で通いたいよ。なんだってできるでしょ。

主任ＣＭ：頑張らなきゃいけないことが、たくさんあるんですね。

Ａさん：とにかく、はやくケアマネに相談してよ。

主任ＣＭ：わかりました。ところで、この１年で、気持ちも落ち着いてきましたか？

Ａさん：まあね。ごはんだって自分で作り始めてさ。

主任ＣＭ：食事を作り始めてから、元気になってきたみたいに見えますよ。

Ａさん：自分でやるってことが大切なんだよ。それをとられちゃうと……。そう！　昔から、とられちゃうのは、いやなんだよ。⑭自分でやりたいんだよ。なんでも、自分でやってきたし。親のことも自分で助けてやってきた。お金のことも、なんでも。

主任ＣＭ：お金も？

Ａさん：そう、自分でやりくりして、困ったことなんてなかったよ。

主任ＣＭ：家族みんなのことを考えて、やりくりしてきたんですね。そうですか。何でも自分でやってきたんですね。次に頑張らなきゃならないことも見えてきましたし。今、いちばんの目標になる

引き出し、さらに［下線⑫］で、それを繰り返しの技法で応答するという展開になっています。その結果、［下線⑬］の「自分の好きなことがやりたいんだよ」、さらに［下線⑭］の「昔から、とられちゃうのは、いやなんだよ」というＡさんの発言につながっています。
⇒ 7 繰り返す
⇒ 12 矛盾を指摘する

ことは？

Ａさん：歩けることと、食事のことかな。

主任ＣＭ：食事？　食事をどうすること？

Ａさん：自分でカロリーも計算しているんだよ。すごく、工夫して頑張っているんだ。

主任ＣＭ：負担になっていない？

Ａさん：なっていないよ。この１年間頑張れたのは、自分でやらなきゃって思ったから。いろいろ口出しされたり、手出しされると、それがストレスになっちゃう。

主任ＣＭ：<u>ストレス？</u>⑮

Ａさん：とられちゃうこと。昔から、今までも、ずっと自分でやってきたのに、それを急にとられちゃったらどうなの？　本当は、やりたかったんだよ。

主任ＣＭ：みんな（ヘルパーさんなど）から、やらせてもらえずにですか？

Ａさん：そう。できること、できないことは、こっちではっきり言うよ。そう、きっちり言う！　<u>全部とられちゃうことがいや。</u>⑯銀行のことも買い物に行くことも。

主任ＣＭ：Ａさんは、やるときは、几帳面に自分で最後までやっていますよね。

Ａさん：そう、一から全部。洗濯も。昔は、お母ちゃんの弁当もやっていたんだよ。

主任ＣＭ：だって、自分のお仕事もあったのに？

Ａさん：そう、自分が親にやってあげていたんだよ。お母ちゃんは、朝が苦手で、おやじが生きているときからな。おやじがいても自分がやってやったんだよ。だからね、嫌いなんだよ、仕事とられるの。

主任ＣＭ：<u>押さえつけられている感じ？</u>⑰

Ａさん：そう。とにかく、<u>足が必要だよ。</u>⑱よろしくな。なんだってできるようになりたいんだよ。

［下線⑮］は、単純な繰り返しの技法ですが、とても効果的な場面で使われています。そこから、「それを急にとられちゃったら」というＡさんの言葉を引き出しています。
➡ ７ 繰り返す

［下線⑰］は、現在の感情を言葉で返すという技法です。「〜という感じ？」という表現方法を用いています。Ａさ

⓾ 対人援助の価値を相談面接技術に反映する

主任CM：では、ケアマネと連絡して、リハビリのことを相談します。ケアマネさんからAさんに連絡してもらいますね。お時間とってもらって、ありがとうございました。

Aさん：よろしくね、気をつけて！

んにとって今の自分の気持ちにピタッときたので、「そう」と返ってきて、そこからさらに会話が展開しています。

Advice

この面接では、「母親のことを相談するのではなく、あなたのことを話し合う面接である」というメッセージがAさんに向けて強く打ち出されています。ワーカーの意図がよく伝わる面接です。たとえ母親への虐待の疑いがあったとしても、今回はそこには触れず、Aさん自身に焦点を当て続けています。

正面からきちんとAさんと向き合おうという覚悟が面接の端々からうかがえます。[下線⑤]での投げかけや[下線⑪]の対決など、そこで展開されるであろうAさんのいかなる反応も受けとめる準備がワーカーの側にできていたように思います。

ワーカーとのやりとりのなかでAさん自身が言語化をうながされ、感情を吐露していく。それはAさん自身の気づきを促進し、Aさん自身が自分の課題を明確化していくことでもあります。それこそが、Aさん自身が課題と向き合い、解決していくプロセスなのです。本書で意図している対人援助の価値と相談面接技術とを結ぶ実践といえます。

Aさん自身が語る言葉から、デイサービスのこと、義足のこと、母親への介護のこと等々が相互に連関しているという構造が浮き彫りになってきたように思いますし、Aさん自身が障害とともにこれからの人生を歩んでいくための課題も見えてきました。Aさんがワーカーたちを取り組みのパートナーとして認識してしてもらうという次のステップにも期待したいものです。

あとがき

　本書をまとめてみて、相談面接技術は対人援助の根幹に位置していることを改めて認識させられた感がある。それは、一つひとつの技法を深く考察すればするほど、そこに非常に洗練されたかたちで「価値」が反映されていたからである。

　筆者が専門とするソーシャルワークにおいて、パラダイムシフトともいうべき状況が起こっている。それはソーシャルワークの原点回帰ともいうべき意味合いをもつもので、「地域を基盤としたソーシャルワーク」においては個と地域とを一体化した取り組みが強調されるようになっている。そうした実践においても、相談面接技術は実践の中核に存在するものであるにちがいない。

　相談面接技術もしくは技法に焦点を当てた本を執筆することについては、若干の抵抗があったことも事実である。それは、「技法」だけが一人歩きすることを危惧したからである。それは、私がもっとも恐れたことでもある。それゆえ、「技法」は「価値」とつながったときにはじめて「技術」として実践に息づくというコンセプトを伝える方法を模索してきた。そのひとつの試みとしても受けとめていただければ幸いである。

　相談面接技術を学ぶうえで、逐語は非常に重要な素材であり、手段である。本書の解説と取り扱った逐語のなかで完結してしまうのではなく、読者のみなさんの日々の実践とすり合わせながら読んでいただくことで、「開かれた参考書」として活用してもらえるものと考えている。逐語には、そうした個々の実践と理論とを結ぶ働きがある。

　今後、対人援助の実践にたずさわる方たちに長く使っていただける本として育てていきたいと考えている。忌憚のないご意見やご感想等をいただければ幸いである。

岩間　伸之

〈著者紹介〉

岩間 伸之（いわま・のぶゆき）
大阪市立大学大学院生活科学研究科 教授

1965年生まれ
同志社大学大学院文学研究科社会福祉学専攻博士課程後期修了
博士（社会福祉学）
社会福祉士
特定非営利活動法人 西成後見の会 代表理事

● 専門領域
　社会福祉学／ソーシャルワーク論

● 主な著書
　『支援困難事例と向き合う』中央法規出版、2014年（単著）
　『小地域福祉活動の新時代』CLC、2014年（共編著）
　『地域福祉援助をつかむ』有斐閣、2012年（共著）
　『支援困難事例へのアプローチ』メディカルレビュー社、2008年（単著）
　『援助を深める事例研究の方法（第2版）』ミネルヴァ書房、2005年（単著）
　『ワークブック社会福祉援助技術演習 グループワーク』ミネルヴァ書房、2004年（単著）
　『ソーシャルワークにおける媒介実践論研究』中央法規出版、2000年（単著）
　『子どものリスクとレジリエンス』ミネルヴァ書房、2009年（共訳）
　『ジェネラリスト・ソーシャルワーク』ミネルヴァ書房、2004年（共訳）

● 勤務先
　〒558-8585　大阪市住吉区杉本3-3-138　大阪市立大学大学院生活科学研究科
　TEL 06-6605-2897　FAX 06-6605-2894

PART Ⅲの逐語録を提供してくださった方々
（五十音順・敬称略）

● 今井　環　　　（兵庫県）
● 荻原満寿美　　（神奈川県）
● 織田卓美　　　（兵庫県）
● 岸川映子　　　（広島県）
● 齊藤眞樹　　　（北海道）
● 佐藤はるみ　　（長野県）
● 田中悦子　　　（千葉県）
● 壺内育子　　　（埼玉県）
● 林　圭子　　　（神奈川県）
● 林やよい　　　（東京都）

対人援助のための相談面接技術――逐語で学ぶ21の技法

2008年11月15日　第1刷発行
2017年4月15日　第9刷発行

著　者　　岩間伸之
発行者　　荘村明彦
発行所　　中央法規出版株式会社
　　　　　〒110-0016　東京都台東区台東 3-29-1　中央法規ビル
　　　　　営　　業　TEL　03-3834-5817　FAX　03-3837-8037
　　　　　書店窓口　TEL　03-3834-5815　FAX　03-3837-8035
　　　　　編　　集　TEL　03-3834-5812　FAX　03-3837-8032
　　　　　http://www.chuohoki.co.jp/
装　幀　　渡邊民人（タイプフェイス）
本文デザインDTP　小林祐司（タイプフェイス）
印刷・製本　三松堂株式会社

ISBN 978-4-8058-3073-4
定価はカバーに表示してあります。

本書のコピー、スキャン、デジタル化等の無断複製は、著作権法上での例外を除き禁じられています。また、本書を代行業者等の第三者に依頼してコピー、スキャン、デジタル化することは、たとえ個人や家庭内での利用であっても著作権法違反です。

　　　　　　　　　　　落丁本・乱丁本はお取り替えいたします